一帶一路研究叢刊

中國和文萊

的·故·事

劉新生 主編

賀──詞

恰逢文萊達魯薩蘭國和中華人民共和國建交二十五週年，本書的出版真的是一種非常有意義的紀念方式。本書為我們收集了那些見證文萊─中國友誼和為其作出貢獻的一些個人的經歷。

我們兩國間的歷史往來可以追溯至很多世紀之前，這樣的歷史淵源讓我們兩國人民間的貿易和社會文化往來形成了堅實紐帶。如今，基於互敬、互信和和平共處，我們兩國領導人之間的友誼為兩國的友好關係發展奠定了堅實的基礎。基於此，我們的合作已經拓展到惠及我們兩國和兩國人民的許多務實領域。

二○一三年，文萊蘇丹陛下和習近平主席將我們兩國關係提升為戰略合作關係。這表明了雙方領導人要將我們多層面、多領域的合作提升到新高度的堅定決心。推進我們兩國人民之間更緊密的友誼，才是催動文萊─中國關係航船不斷前進的根本力量。

我想向劉新生大使和其他讓本書付梓成為可能的朋友表示祝賀。這將為我們的後世子孫欣賞文萊和中國的故事增添許多珍貴的記錄，並將進一步增進我們萬古長青的友誼。

文萊達魯薩蘭國外交與貿易部無任所大使

瑪斯娜公主殿下

序

外交筆會和五洲傳播出版社聯合編輯出版《中國和文萊的故事》一書，正值中國和文萊建交二十五週年，意義非同一般。

文萊是中國的友好鄰邦，也是東盟的重要一員。中國與文萊相互尊重、平等相待，兩國關係穩步發展。在國與國聯繫愈來愈緊密、利益愈來愈關聯的情況下，中國與文萊都有意繼續提升和拓展雙方合作，實現互利共贏。

「國之交在於民相親」。據中國古籍記載，中國同古稱「浡泥」的文萊從漢代開始就有往來。如今，不少華夏子民在文萊安居樂業，有的還與當地百姓相互通婚。雙方之間的交流、了解與友誼日益發展。兩國之間既有淵源，也有親緣。

本書的作者都是中文關係發展的見證者、參與者和推動者。他們用心記錄的每一個故事，讓我們從不同角度感受到兩國人民之間真摯的情誼。我謹對他們特別是為本書的出版付出辛勤努力的劉新生大使表示由衷的敬意和感謝。相信通過這本書，會有更多朋友認識和喜愛有著「和平之邦」美譽的文萊，並為中文關係的持久發展出一份力。

中國駐文萊大使　楊　健

二〇一六年八月一日於文萊斯里巴加灣

序

　　很榮幸應劉新生大使之邀為他主編的新書《中國和文萊的故事》作序。這本書收集了一些個人分享的在文萊的獨特體驗的故事，他們為文萊—中國友好關係作出了貢獻。這本書也展現了我們兩國人民的密切往來和兩國間的友誼。

　　文萊和中國的友誼可以追溯至許多世紀以前。在過去的二十五年間，由於兩國領導人的關切和努力，雙邊關係日益深入，並被提升至戰略夥伴層面。兩國間的合作領域不斷加強。近年來，越來越多的中國公司投資文萊的能源、漁業、農業和基礎設施等領域。民間往來也持續增進，特別是越來越多的文萊留學生來到中國學習，日益頻繁的文化交流和持續增多的中國人赴文萊旅遊觀光。

　　劉大使是文萊的老朋友，他曾於一九九三年至一九九八年任中國駐文萊大使。他投入很多寶貴時間撰寫關於文萊的書籍，並積極增進中國和文萊的關係。在此，我祝賀他完成本書，並完全支持他為促進我們兩國人民間的親密友誼所付出的巨大努力和奉獻。

文萊達魯薩蘭國駐華大使　張慈祥

二〇一六年八月十二日

記憶篇

合作篇

記憶 篇

浡泥王墓萬古流芳

楊新華

（南京市文物局原副局長）

中國與文萊的交往，可以追溯到南北朝時期的梁代（502-557）。文萊二世蘇丹麻那惹加那乃於明永樂六年（1408 年）率一百五十餘人來華進行友好訪問，不幸病故於南京，明成祖朱棣以王禮將其安葬在南京南郊石子崗。這座中國土地上的外國國王陵墓，成為中華民族歷史上與其他國家友好交往的有力例證。

浡泥王墓的發現

一九五八年四月，南京市文物保管委員會在全市範圍內深入開展文物普查工作。同年五月十二日，普查人員來到東向花村，在田頭向農民宣傳文物普查的意義、目的和普查對象，並向他們展示貼有各種類型文物照片的相簿。農民們紛紛反映：烏龜山有個石烏龜，下山喝水，頭給雷公菩薩打斷，爬不回去了，現在還趴在山坡上……普查人員按他們指點的路線，循山中小徑，登上烏龜山，發現了匍匐在山陽的龜趺。龜趺旁邊的草叢中臥有一段殘

碑，碑文已大部分漫漶，但經過仔細揣摩，依稀可辨認出「葬王於安德門外之石子崗」「器皿及金銀錦綺錢幣甚厚賜王妻」「浡泥國王去中國」等字跡。當時，普查人員雖然懷疑這就是浡泥國王墓，但尚不敢下斷言。

回到市文保會，普查人員查閱有關資料，在《皇明文衡》卷八十一中發現了明代胡廣撰寫的《浡泥國恭順王墓碑碑文》，遂將抄錄的殘碑碑文進行核對，內容完全一致。至此，終於查清了一百多年來一直被認為是「渺不可尋」的浡泥國王墓，便是這座被當地群眾呼為「馬回回墳」的「佚名」墓。隨後，普查人員又在墓前的水溝裡發現了另一段殘碑。這是神道碑的上半段，字跡大都模糊不清，但開頭的「……樂六年……月乙未浡泥王麻那惹……」等十數個字尚可辨識。

浡泥國王墓的所在地東向花村烏龜山，距明代南京城的聚寶門（今中華門）約五公里，距雨花臺風景區四公里。這裡是聚寶山的一部分。早在東吳時代（222-265），人們便稱這一帶為「石子崗」了，因為這裡出產的雨花石色彩斑斕，晶瑩剔透，如瑪瑙寶石一般，人們又稱這裡為「聚寶山」「瑪瑙崗」。聚寶山有三個主峰，位於東面的稱東崗，又名梅崗，附近有江南第二泉、南宋抗金英雄楊邦義剖心處、明文學博士方孝孺墓、明寧河王鄧愈墓、明福清公主墓、明鎮國將軍李傑墓、明虢國公俞通海墓、明西寧侯宋晟墓等名勝古蹟；中間的稱

中崗，為雨花台死難烈士紀念碑所在地；西面的稱西崗，又名菊花台。從習慣上，人們把東、中崗合稱為「雨花台」，而安德門外的西崗則被直呼為「石子崗」了。

　　石子崗是六朝以來南京地區墓葬的主要集中地。清代陳文述有詩吟「石子崗」曰：「白楊蕭蕭江草暮，石子崗前六朝路；我來不見六朝人，惟見六朝叢葬處。」以浡泥國王墓為中心，北端約三華里處為六朝古墓葬群；其西南約一華里處有明代「傳南山正宗第十三世、古林堂上開山第一代」的佛教中興律祖古心大和尚及其弟子的墓塔，稱天隆寺塔林；西側約三華里處有明鎮遠侯顧興祖墓；正南為尹西村，村側碑亭山上有明南京戶部尚書周金墓。石子崗古墓葬群被列為南京市文物保護單位。由此可見，明成祖朱棣以王禮將浡泥國王安葬於此，其意義非同一般。

浡泥王墓的維修

　　一度湮失百餘年之久的浡泥國王墓，從發現的那一天起，中國政府就非常重視和關心。浡泥國王墓現在是江蘇省重點文物保護單位，受國家法律保護。政府委派江蘇省、南京市和雨花台區的文物管理部門，負責浡泥國王墓的日常管理和保護工作。當地的鐵心橋鎮政府也安排專人負責環境衛生、每日巡查等工作。

五十多年來，政府投入了大量的資金，對墓園進行過七次較大規模的保護維修。第一次是在發現的當年，也就是一九五八年的八月，首先清理雜草，找出墓的神道，對殘損的石刻進行扶正、修補。在這一次墓園清理的過程中，新發現了許多原墓的建築材料，如享殿柱礎、華表柱礎等，還發現了一段用明代城磚鋪砌的神道路面。接下來的幾次維修，重點在綠化、道路、神道、神道石刻修補等。進入九〇年代以來，為迎接文萊外交部長和其他官員來訪，市文物部門新鋪了從神道碑到墓前的青石板路，雨花台區政府投資三十多萬元，新修了從大路到墓前的柏油路。

　　應該說，對浡泥國王墓的保護早已納入了政府

維修後的浡泥王墓

的日常行政工作範疇。此後，進一步規劃、完善浡泥國王墓的整體開發利用工作逐步展開。雨花台區政府在「圈地建園，美化環境，整體規劃，全面建設」時，突出強調「重點整修、建設墓冢和墓園內配套設施」，按照伊斯蘭教墓葬風俗，對現有墓冢進行全面改造建設，並在墓園內建部分具有伊斯蘭建築特色的亭台、長廊，營造小型人工湖面，建設一座小型陳列館，以實物和圖片資料宣傳介紹中文兩國交往史，建成集文物保護和文萊風格旅遊觀光為一體的外國國王陵園，供世人瞻仰。

二○○一年十月，浡泥國王墓提升為全國重點文物保護單位。雨花台區政府以此為契機，翻閱大量史料，科學規劃了以修繕、維護浡泥國王墓為主的文萊風情園建設構想，旋於二○○二年秋斥資一

千餘萬元，實施了前所未有的維護、文物復建和環境整治一期工程，復建了牌坊、神道碑亭、墓冢、祭台，整修了神道，新建了「中國—文萊友誼館」，樹立全國重點文物保護單位標誌碑，綠化美化。歷經兩年建設，整個墓園更顯莊嚴肅穆。六百多年前安葬在南京郊外的浡泥國王麻那惹加那乃，如若在天有靈，定會含笑於九泉！

浡泥王墓的價值

　　一九九四年十月初，文萊歷史中心主任、蘇丹陛下文化高級顧問佩欣·賈米爾首次應邀來寧參觀考察浡泥國王墓和鄭和墓。參觀期間，佩欣·賈米爾說：關於浡泥國王和這個墓，文萊國內的意見還不一致。有人說，墓主人不是國王；有人說，這墓是假的；也有人說，這個墓碑是中國人後造的，騙騙文萊人。還有一種謬論更令人哭笑不得，那就是文萊國王是被中國皇帝毒死而不是病死的，要不然，你拿出當時的病歷和藥單來看看。針對以上說法，筆者和專家學者等人以書中史料和碑文內容為依據作了有力駁斥。佩欣·賈米爾也非常明確地表示：「這是西方人散布的謠言，中國和文萊建交引起了他們的恐慌，他們對中國和東南亞各國日益密切的關係感到憂慮，於是，就出現了謠言。」雖然這些謬論和謠言不堪一擊，但對於許多不明真相的人來說，卻可以在很大程度上產生不良影響。

佩欣・賈米爾回國以後，根據在南京考察時得出的結論，對照大量史書、口碑、石碑，進一步論證，最終以自己的威望、資歷和淵博的知識改寫了歷史，改寫了教科書，確認了病逝於中國的麻那惹加那乃是文萊一四〇二年至一四〇八年在位的第二世蘇丹，填補了文萊蘇丹系譜上的一個空白。他還從一個公墓中發現的墓碑碑文推斷：文萊的第一位蘇丹於一三六三年到一四〇二年在位，他可能有一個兒子，這個兒子在一四〇二年他父親去世後繼承了文萊蘇丹王位。「很自然，一個新的統治者要尋求對其承襲王位的確認，表明其並非出自某種強權。一四〇三年，文萊是爪哇的一個屬國，所以這位新國王積極尋找中國的庇護，以擺脫對爪哇的依賴。儘管他死於中國，但目的已經達到，文萊作為中國屬國的地位得到了確認。」

浡泥國王麻那惹加那乃在中國病逝後，永樂皇帝命其四歲之子遐旺承襲王位。回到文萊後，年僅四歲的遐旺不勝重任，「令其叔父以蘇丹艾哈邁德（Ahmad）的名義執掌文萊政權」。永樂十年（1412年）八月，遐旺和母親一起又來到中國，一直到第二年二月才返回文萊。以後的史料中便再沒有提及遐旺，估計他是早年夭折了。所以，他的叔父就一直繼續統治著文萊，年限自然是從一四〇八年開始，直到一四二五年去世。遐旺的叔父艾哈邁德在文萊被稱為第三世蘇丹。文萊學者利用中國學者的研究成果，結合本國口碑傳說，連接了蘇丹世系的

紀念渤泥国王逝世590周年

一九九八年十月，參加浡泥國王逝世五百九十週年紀念活動的中文兩國官員在浡泥國王墓前合影留念。

缺環，其意義非同小可。

　　一九九一年九月三十日，中國與文萊達魯薩蘭國正式建立外交關係。文萊瑪斯娜公主等王室成員，外交、文化等部長和政府官員紛紛來華訪問考察，其中不少專程前往南京拜謁浡泥國王麻那惹加那乃陵墓，均對其歷經六百多年滄桑而保存完好深感欣慰和感激。瑪斯娜公主曾深有感慨地說：「古老的中國人對不同客人都能放開懷抱，正是這種開放的態度，點燃了我的先輩們的想像力，讓他們不畏艱難去尋找蘊藏在那遙遠陸地上的知識……這座墓的歷史也是兩國友誼的見證。」

從考古遺跡看文萊
—中國友好關係

佩義蘭·卡里姆博士

（文萊文物局前局長）

蘇瑩瑩　梁　燕　譯

　　文萊和中國於一九九一年正式建立外交關係。然而，兩國的友誼源遠流長，可追溯到一千五百多年前。中國史料記載兩國之間的往來始於西元六世紀，一直持續到西元十七、十八世紀。隨著中國的朝代更迭，文萊在中國史籍中的名稱也有所不同，如婆羅、婆利、浡泥、文萊等。

　　西元十世紀，文萊與中國的關係日益密切，「浡泥」這一地名時常出現在中國的史料之中。據記載，文萊曾派遣三名使者帶著象徵兩國友好關係的貢品於西元九七七年前往中國。文中兩國的關係持續友好，使者往來頻繁。文萊曾在西元一〇八二年、一三七〇年、一四〇五年、一四〇八年、一四一〇年、一四一二年、一四一五年和一四二五年派遣使者到訪中國；而中國使者也於西元一三七〇年、一四〇五年、一四〇八年和一四一一年出使文萊。互派使臣既顯示了兩國關係的密切，也體現了雙方在政治和經濟領域的相互重視。

除了官方往來，文萊與中國也建立了密切的貿易關係。在這方面，雙方可謂互相依存、互相需要的關係。文萊是一個盛產木材與自然資源的國家，其產品在中國、印度、中東等國外市場廣受歡迎。文萊的主要商品有樟腦、白胡椒、藤木、西米、檀香木、沉香、蜂窩、燕窩、玳瑁以及龜殼。中國也有大量的商品出口到文萊，主要有瓷器、絲綢、銅、鐵等。文萊與中國之間的貿易關係日趨穩固，一直持續到西元十八世紀末十九世紀初。

在文萊，保存至今的一些考古遺址見證了兩國之間的友好交往。本文主要論述這些歷史遺跡中的其中一項，即西元十二至十七世紀的中國瓷器。本文將研究重點放在出土了大量中國瓷器的特魯桑古邦（Terusan Kupang）遺址以及哥打巴都（Kota Batu）遺址。這兩大遺址所出土的瓷器的生產時間有所不同，特魯桑古邦遺址出土的是西元十二至十三世紀的宋朝瓷器，而哥打巴都遺址出土的是西元十四至十七世紀的明朝瓷器。本文也將對文萊境內發現的第一艘也是唯一的一艘沉船——「文萊沉船」進行研究，試圖通過對沉船的研究來了解古代文萊的對外貿易，特別是西元十五至十六世紀文萊與中國及東南亞各國的貿易往來。

文萊境內出土的中國瓷器

瓷器是文萊境內大量出土的一種重要考古文

物。與其他木製、布製或紙製的文物相比，瓷器具有可長久保存、不易變質、不易損壞的優點。基於此，瓷器為研究文萊當地的歷史，特別是其貿易與對外關係的歷史作出了重要貢獻。

　　中國早在約八千多年前就開始生產瓷器，是世界上最早掌握這一技術的國家。隋末唐初的瓷器生產凸顯了中國在瓷器製造領域的輝煌成就。當時的瓷器是在 1300-1400℃ 的高溫下燒製而成的一種高品質的瓷器。它質地堅硬，表面光滑，透光性好，並能防水。這些特點使得中國瓷器享譽世界，為其他國家所爭相效仿。西元十世紀，中國開始對外出口瓷器，並在國際市場上廣受歡迎。中國瓷器的湧入使得文萊、菲律賓等一些東南亞國家的瓷器製造業受到衝擊並日漸式微。而在泰國、越南等其他一些國家，中國瓷器的進口卻促進了當地的瓷器製造業向更高水平發展。

文萊河畔出土的宋代韓瓶

雖然據史料記載文萊與中國之間的關係始於西元六世紀，但是在文萊境內尚未發現那個時期的中國瓷器。當時中國實行閉關鎖國的貿易政策，東南亞地區和中國的貿易全部掌握在阿拉伯和波斯商人手中。因此，中國的商品很少出現在包括文萊在內的東南亞地區。到了唐朝，中國開始轉變政策，朝貢貿易開始興起。貿易因此受到重視，大量外國商人來到中國開展貿易。外國的貨物第一次暢通無阻地進入中國市場，而中國的商品也開始對外出口。開明的對外政策間接地促進了中國的工業發展，這其中也包括瓷器製造業。瓷器製造業開始顯現出令人鼓舞的發展與提高。瓷器成為一種重要的商品，這標誌著中國瓷器走向外銷的新時代的到來。瓷器在當時主要有以下用途：一是被當作禮品贈予外國的權貴，二是用於支付外國貿易港口的通關稅，三是作為等價物代替貨幣交換外國商品。

　　中國與外國的往來在宋朝特別是南宋時期持續發展，統治者繼續實行開放政策。不僅外國商人推動了貿易的發展，中國本土的商人也參與其中。西元十三世紀中期，中國對外貿易水平日益提高，並完全由中國商人掌控。隨後的元朝和明朝也繼續實行開放的貿易政策。明朝時，中國的對外貿易隨著西元一四〇五至一四三三年鄭和下西洋而走向鼎盛。

　　開放的對外貿易給中國的工業帶來了巨大的影響。瓷器工業不斷發展，並經歷了突飛猛進的變

化。產品的品質和數量都得到了提高，瓷器的流通範圍也更為廣泛，不僅僅在東南亞地區，而且遠銷南亞、中東、非洲和歐洲等地。因而，在文萊境內的各個考古遺址中出土了大量這一時期的中國瓷器，其中以特魯桑古邦遺址和哥打巴都遺址最為突出。

特魯桑古邦遺址

特魯桑古邦是文萊境內的一處重要的考古遺址。據估計，其起源可追溯到西元十至十三世紀。它距離文萊首都斯里巴加灣市約五公里。特魯桑古邦是西元十至十三世紀的一處重要居住地，而在隨後的西元十四世紀至十七世紀，哥打巴都逐漸崛起。

一九七四年，特魯桑古邦開始引起文萊文化青年體育部博物館司考古處的關注，因為此地出土的幾塊外國瓷器碎片被送往該部門進行研究。而對特魯桑古邦遺址的文物採集和保護工作於同年展開。截至一九七七年，此處出土的外國瓷器和當地黏土陶瓷碎片已達數萬件。在一九七七年末至一九七八年初進行的發掘工作中，考古人員在三個挖掘區域中成功提取了二千三百二十九件瓷器碎片，其中大部分為產於西元十二至十三世紀的中國宋朝瓷器，還有少部分中國明清瓷器以及西元十五至十九世紀生產的歐洲瓷器。

一九九五年，僅兩個工作日的時間，考古人員

就從特魯桑古邦遺址中採集了一千三百六十四件瓷器文物，其中一千三百零六件外國瓷器、五十八件文萊本土瓷器。在此次出土的外國瓷器中，約 95% 是西元十二至十三世紀生產的中國瓷器，剩餘的則是十四至十七世紀生產的中國瓷器和十九世紀生產的歐洲瓷器。一九九九年十月十三日至二十三日，考古人員再次對特魯桑古邦遺址進行了發掘，共採集了三千零三十五件瓷器碎片，其中中國宋朝的瓷器共二千六百四十八件，占總數的 87.25%；其餘的一小部分為中國元朝和清朝生產的瓷器。這些出土的瓷器主要是青瓷、白瓷、青白瓷、灰白瓷、綠瓷、黑瓷、金屬釉瓷器。

特魯桑古邦遺址中出土了西元十二至十三世紀的中國瓷器。這是文萊境內出土時間最早的中國瓷器。這一發現清楚地顯示了文萊與中國之間貿易關係的確立。根據西元一二二六年趙汝適的記載，許多商人前往文萊用金、銀、絲綢、玻璃、串珠、錫、鉛塊、象牙鐲、木製碗盤、青瓷等商品交換當地的產品。其中記載的青瓷是指表面呈綠色或淡綠色的陶瓷，如青瓷、龍泉瓷、越窯瓷以及塗有綠色釉質的瓷器等。這些類型的青瓷在特魯桑古邦遺址中大量出土，其中大多產自西元十二至十三世紀的中國宋朝。本文將主要討論其中的三種，即越窯瓷、青瓷和龍泉瓷。

1. 越窯瓷

越窯瓷是特魯桑古邦遺址中出土數量較大的一種瓷器。越窯瓷主要產於浙江越州窯。中國的其他地區，如廣東和福建也產越窯瓷。在越州，有二十多座瓷窯生產這種瓷器，其中上林湖窯和濱湖窯是兩個重要的生產中心，其產品質量上乘。而在廣東和福建地區，生產越窯瓷的窯口主要有西元十至十二世紀的廣東西村窯、筆架山潮州窯和唐末宋初的廣東筆架山窯、福建同安窯及熙春山窯等。在這些窯口中，同安窯與文萊境內出土的越窯瓷關係最為密切。二者之間的共同點在於顏色，都是釉色綠中泛黃，並都用刻花或劃花的裝飾技法。

越窯瓷製品品種繁多、形狀各異，如碗、碟、盤、花盆等。越窯瓷內壁常以刻花、劃花及錐刺等手法做出以植物、雲彩、鳥等自然之物為主題的紋飾，間以篦齒狀工具錐刺出的篦紋，其形狀多為波浪、雲彩、線條等。越窯瓷的顏色也是多種多樣，

從文萊深海中打撈上來的陶罐

如青黃色、青灰色、灰白色、玉色等。

2. 青瓷

　　特魯桑古邦遺址中也出土了大量的青瓷。青瓷的製造始於北宋時期，南宋時期其製作工藝得以提高。與越窯瓷相比，青瓷製作精良，達到了瓷器製作的巔峰，超越了在此之前出現的各類瓷器。因此，青瓷不僅在中國市場上大受歡迎，在包括文萊在內的國外市場上也十分暢銷。

　　青瓷的獨特之處主要在於它經精工細作而成的富有魅力的青色色澤以及堅固細膩的質地，品類繁多的製品。青瓷製品主要有大小各異的碗、碟、盤、花盆等。青瓷的主產地為浙江、廣東和福建。其中兩個重要的青瓷窯口是廣東筆架山窯和福建熙春山窯。福建的同安窯、南安窯、泉州窯、廈門窯、德化窯以及浙江武義窯等窯口也都出產青瓷。青瓷顏色多樣，有青灰色、青白色、黃綠色等。

3. 龍泉瓷

　　特魯桑古邦遺址中也出土了大量的龍泉瓷，其生產時間約為西元十二至十三世紀。龍泉瓷創燒於西元一〇八〇年，當時中國正處於北宋時期。龍泉瓷的製作工藝在南宋時期得到提高。元朝時，龍泉瓷繼續出產，但這一時期的生產重點集中於針對國外市場的、尺寸較大的瓷器。明朝時期生產的龍泉瓷品質開始下滑，並且受到了青花瓷的巨大衝擊

（青花瓷是一種自明朝開始進入鼎盛發展期的瓷器）。

　　龍泉瓷質量上乘，胎質細膩，紋理優美，釉彩濃厚飽滿，透光性好，色澤晶瑩，溫潤如玉。龍泉瓷擁有變化多樣的青色，如青灰色、青藍色、橙青色、青粉色、蘋果綠以及橄欖綠等顏色。龍泉瓷的特點是底足處呈赭紅色，這是由於燒製過程中氧化物的作用使沒有上釉的地方呈現紅顏色。龍泉瓷質地堅硬，因為它是在 1180—1280℃ 的高溫下燒製而成的。其製品主要有圓錐形的碗、淺口平盤，尺寸較大的碗、盤子，擱置東西的三腳架、封口瓶以及花盆等。龍泉瓷製品大多沒有雕刻花紋，即使有，通常也是在瓷器中部採用壓制的技法刻有對魚或花卉等裝飾圖案。另外，印花技法也應用於龍泉瓷的花紋製作之中，較為常見的圖案是蓮花和魚。

　　龍泉瓷主要產於中國南方，如福建。福建同安窯是龍泉瓷的產地之一，此處生產的龍泉瓷，其顏色多為淡綠色、橙青色、青粉色以及青灰色，圖案多是採用壓制技法製作而成的對魚和花卉圖案。同安窯生產的龍泉瓷與在特魯桑古邦遺址出土的龍泉瓷有著許多相同的特點。由此可以推斷，此處出土的龍泉瓷很有可能是從同安地區出口到文萊的。

哥打巴都遺址

　　哥打巴都是文萊重要的考古遺址之一，位於文

萊河畔，距離文萊灣約三公里，距離首都斯里巴加灣也不過五公里左右。西元十四至十七世紀，哥打巴都曾是文萊的首都。同時，它也是東南亞地區一個重要的商貿中心，是外商雲集之地，這其中包括許多中國商人。

哥打巴都占地一百二十英畝。它被劃分為三個主體區域：山地、丘陵和河畔平原。丘陵區域和河畔平原是當地人主要的居住區，而山地就鮮有人居住了。丘陵地區是王公貴族的居住區；河畔平原則是平民百姓安家落戶的地方，同時也是市中心。西元一五二一年，安東尼奧‧皮加費塔在其航海日誌中記述了文萊的概貌：「整個文萊城建於水上，除了皇宮和達官貴人的居所。其人口大約二千五百戶。木製房屋擁有高腳柱，使其可以立於水中。每逢漲潮時分，文萊女子就會使用小船作為交通工具，挨家挨戶地販賣她們的商品。」

作為商業中心和行政中心，哥打巴都不僅成為當地人的聚居地，也吸引著各國商人齊聚此地，以便通商和貿易。商人們來此一方面是為了購買當地的貨物，另一方面也是為了在當地市場銷售自己的商品。西元十五、十六世紀是哥打巴都的輝煌時期。當時，它是東南亞重要的商貿中心和伊斯蘭教傳播中心。一五一一年馬六甲被葡萄牙人占領後，哥打巴都的地位就變得更加重要了。大批來自馬來群島、東南亞和中國的商人來此經商。在西班牙人一五七八年的記載中，哥打巴都是一個擁有多元民

族居民的全球性的港口城市，其中包括中國人、交
趾支那人（越南人）、暹羅人、北大年人、彭亨
人、爪哇人、蘇門答臘人、亞齊人、馬魯古人、蘇
拉威西人和棉蘭老島人（菲律賓人）。

　　西元十五、十六世紀，名揚萬里的文萊獲得了
許多國家的認可，尤其是來自中國的認可。通過西
元一四〇五至一四二五年間的互派使節和相互往
來，中文兩國的友好關係日益密切。與十至十三世
紀特魯桑古邦作為商業中心時不同，這一時期兩國
間的經貿往來發展得更加迅速。當時，商貿對於文
萊的存亡有著至關重要的作用。因此，外國商人特
別是中國商人的參與是十分重要的。他們使中國的
商品得以廣泛傳播，特別是在哥打巴都及其附近地
區。中國商人對於將當地商品販賣到其他地區也作
出了巨大貢獻。

　　在外國商人尤其是中國商人帶來的商品中，瓷
器占了絕大部分。哥打巴都地區的瓷器同特魯桑古
邦地區的瓷器有著明顯的不同，尤其是在色澤和雕
刻的花紋方面。在這些瓷器中，最著名的要屬青花
瓷，這種瓷器盛產於元代，在明代工藝不斷提高。
在討論「文萊沉船」之前，本文將略微對青花瓷作
一些介紹。「文萊沉船」和哥打巴都遺址以及中文
兩國商貿關係都有著密不可分的聯繫。

哥打巴都的中國瓷器
　　瓷器是哥打巴都不可分割的一部分。瓷器是哥

打巴都遺址中發現最多的歷史文物。正是由於瓷器，這一遺址才被世界知曉並揚名至今。哥打巴都遺址的發現可以追溯到一九五一年，當時的文萊財政部長丹尼斯‧川姆（Dennis Trumble）閣下把採集來的大量瓷器交給沙撈越博物館以便進行研究。一九五二至一九五三年間，哥打巴都遺址的文物發掘工作首次展開。當時，除其他一些文物之外，共發掘出了四萬四千六百四十一件陶瓷殘片和三萬五千零五十八片釉瓷殘片。此次發掘的成果證明哥打巴都是一個重要的遺址，需要有關方面長期給予關注和重視。

　　哥打巴都地區進一步的文物發掘工作開始於一九六七年。當時，該遺址已經公布在《一九六七年考古及文物聲明》當中。一九六八年，在哥打巴都地區一處水管建築工程現場，又有多達六千二百三十件瓷器殘片被發掘出來。一九七八年末至一九七九年初，隨著文物保護工作的進行，從哥打巴都另一處遺址中採集到了二萬八千二百四十一塊瓷器殘片，其中包括九千八百九十九塊石質瓷器、八千五百一十五塊青花瓷、六千七百三十七塊陶片、一千二百四十一塊泰瓷、九百四十七塊青瓷、四百二十六塊越南瓷，以及其他地區的瓷器四百二十六塊。

　　在一九七九年的發掘工作中，哥打巴都遺址中又出土了五百七十八塊瓷器殘片，其中中國瓷器三百五十四塊、泰國瓷器一百四十五塊，還有七十九塊當地陶片。一九八八年，二百零二塊殘片在長達

文萊河畔出土的陶瓷器殘件，底部留有中文字樣。

兩週的發掘研討會期間被相繼發現，其中絕大部分產自中國，只有一小部分來自泰國以及本地。一九八九年，在第六屆東盟考古及文物保護研討會舉辦期間，八百一十一塊瓷片被挖掘出來，這次幾乎都是中國瓷器，其餘來自越南、泰國和本地，以及歐洲和高棉。

　　哥打巴都遺址最後一次發掘工作於一九九五年四五月間進行，出土多達五千三百六十五塊瓷器殘片，其中三千九百八十塊是外國瓷器，另外一千三百八十五塊則為本地和外國陶片。在外國瓷器中，主要是石質瓷器，多達一千五百三十五塊，還有青花瓷（1062）、白瓷（488）、青瓷（337）、龍泉瓷（271）、泰國宋卡洛瓷（195）、越南瓷（57）和素可泰瓷（24）。在這些陶瓷中，近 80%的瓷器來自中國，只有少量來自泰國和越南。

　　直至今日，無論是在陸地還是在河畔，哥打巴

都遺址中仍舊不斷發現新的瓷器。這些瓷器文物的發現說明，瓷器在當時已為當地居民所廣泛使用。外國瓷器，尤其是中國瓷器被認為是高質量的日常生活用品之一，如用來作為盛放水、食物、醃漬物及藥品的器皿。以下，本文將重點介紹哥打巴都遺址中大量出土的中國青花瓷。

青花瓷

在漫長的製瓷歷史中，沒有一種瓷器可以與青花瓷巧奪天工的工藝和四海皆知的名氣相提並論。青花瓷不僅暢銷中國市場，同時也獲得了來自世界各地的購買者的青睞。青花瓷的製造工藝為各國爭相效仿，如日本、越南和歐洲。

青花瓷勝在其鮮豔的色澤和優美的圖案。氧化鈷的使用使其燒製成型後的藍色十分亮眼，同時也使得瓷體本身的白色更為吸引人。在青花瓷之前乃至之後的瓷器中，沒有任何一種瓷器可以與之相媲美。瓷器身上的雕花，包括花草、鳥獸和自然景觀，構圖樣式十分豐富，深受外國人喜愛。因此，青花瓷大量傳播於世界各地，如東南亞、南亞、中東、非洲和歐洲。

青花瓷初產於元代末期，然而在當時，青花瓷的生產還沒有達到較高的水平，生產規模不大。到了西元十四世紀末直至十五世紀，青花瓷生產到達頂峰。

青花瓷大量產於江西省。景德鎮是青花瓷最重

要的產地之一。當時，它是中國最大的產瓷中心，不僅為中國國內尤其是宮廷提供瓷器，還向海外市場輸送瓷器，包括文萊。除了景德鎮，中國南方其他省份也出產青花瓷，如福建、廣東和浙江。這幾個省出產的瓷器品質較低，工藝比較粗糙，通常銷往國內及東南亞地區。其中一個窯口是位於廣東東部的汕頭窯。十六世紀早期生產的汕頭瓷遍布東南亞地區，包括文萊的哥打巴都地區。其他出產並外銷的青花瓷窯口多分布於福建地區。其中最重要的是德化窯、安溪窯和永春窯。

　　哥打巴都遺址出土的瓷器中，最多的是青花瓷，約占 60%-70%。此外，還有青瓷、龍泉瓷、白瓷以及泰國和越南的瓷器。哥打巴都地區發現的青花瓷，估計產於十五世紀末至十六世紀中期，正值中國青花瓷生產的鼎盛時期和中文關係密切發展的時期。雖然早在十四世紀青花瓷就開始生產了，但這一時期的青花瓷卻鮮少在中國之外發現，包括文萊。當時明朝政府實行閉關鎖國政策，在一四三六至一四六五年間關閉了景德鎮多處窯口，這導致十五世紀早期和中期的青花瓷極少出現在外國市場上。這種空缺，使得其他國家尤其是泰國和越南的瓷器作為中國瓷器的替代品，進入世界市場以填補空白。因此，泰國和越南的瓷器開始進入世界市場是在十四世紀後期。雖然在一四六五年後景德鎮恢復了生產，而且明朝的閉關鎖國政策也於十六世紀中期結束，但泰國和越南的瓷器仍在國際市場繼續

銷售，直至十六世紀末期。隨後，三個國家為爭奪市場而展開了競爭。從考古文物的角度來說，這種競爭可以從東南亞一些考古遺址中三國瓷器並存的局面看出來，正如哥打巴都遺址一樣。

與哥打巴都地區不同，特魯桑古邦地區出土的外國瓷器，95%來自中國，只有一小部分是十四世紀後期到十九世紀的歐洲和泰國瓷器。這種情況的出現，主要是因為在十二至十三世紀，中國的製瓷技術無人可比。沒有競爭對手，使中國成為東南亞國家唯一的瓷器供應商，正如特魯桑古邦遺址所反映的情況一樣。但是，從十四世紀起，特魯桑古邦逐漸走向衰落，哥打巴都興起，取而代之成為文萊灣的新力量。特魯桑古邦逐漸被遺棄，僅留下一小部分居民。從考古文物的角度，該地區僅出土了一小部分十四至十九世紀的文物，而哥打巴都地區則出土了大量這一時期的瓷器。出土文物的數量懸殊，便可證明特魯桑古邦地區的衰落。

「文萊沉船」及其對研究文中商貿關係的意義

「文萊沉船」是在文萊境內發現的第一艘沉船，也是唯一一艘。它是文萊考古研究史上最重要的考古發現。一九九七年五月二十四日，一家石油公司在海上進行物理測量時，意外地探測到了這艘沉船。沉船位於離岸三十二海里處，水深六十三

米。後來，在沉船中發現了多達一萬四千件年代約為十五世紀末十六世紀初的文物，包括瓷器、串珠、鐵器、銅器、鑼、手鐲、石器和象牙。其中95%為瓷器，如瓷碗、瓷盤、瓷碟、瓷甕、瓷瓶和瓷缸。大約 60%的瓷器來自中國，35%產自泰國，還有 5%來自越南。

沉船的發現被認為是證明文萊在古代國際貿易中起著重要作用的證據。此前，文萊一直沒有發掘出足夠多的考古物證來證明其曾在古代世界貿易中發揮重要作用。「文萊沉船」無疑是到此進行貿易的外國商船之一。值得注意的是，沉船的年代正值文萊作為東南亞強盛勢力的輝煌時期。當時，文萊還是一個重要的商業中心和國際貿易中的重要港口，文萊港口成為本國商品的集散地以及國外商品的批發地。

下文將嘗試分析「文萊沉船」上的瓷器，並說明其與文中貿易關係的聯繫。

「文萊沉船」上的瓷器

在「文萊沉船」上，發現最多的文物是瓷器，生產日期大約為十五世紀末至十六世紀初。幾近一半的瓷器是產自中國，剩餘的來自越南和泰國。這些瓷器品種繁多，如青花瓷、白瓷、青瓷、宋卡洛瓷和越南瓷。

「文萊沉船」上發現的中國瓷器與文萊本土出土的瓷器，特別是在哥打巴都出土的瓷器有著很多

共同之處。這些相似之處主要體現在種類、形狀、花紋、顏色和釉質等方面。以花朵圖案的雕刻為例，都有向日葵、山茶花、蓮花和牡丹等圖案。其他相似圖案還包括一些植物或動物的圖案，如麒麟、龍、孔雀、馬、魚、鹿和鴨子等。瓷體的藍色也顯示出明顯的相似性，呈現淺淺的灰藍色，並且用色均勻。多達五千個此種瓷器在「文萊沉船」上被發現，共有十五種形狀。其他的白瓷、青瓷、泰國瓷和越南瓷等，也與文萊境內出土的瓷器相同。這些共同之處說明，這些瓷器產自同一個時期。

「文萊沉船」和哥打巴都遺址有著怎樣的關聯呢？從年代的角度來說，毋庸置疑，二者之間存在著緊密聯繫。此艘沉船的目的地是文萊還是其他地方？從沉船的位置來看，離文萊相當近，距海岸僅三十二海里。這艘船很有可能就是在前往文萊的路上沉沒的。需要提及的是，除了哥打巴都，至今還沒有其他同一時期的考古遺址在婆羅洲北部被發現，無論是在沙巴還是沙撈越。就此而言，「文萊沉船」很可能就是要駛向哥打巴都港口，而非他處。

「文萊沉船」的類型和來源

「文萊沉船」是什麼類型的船？它來自哪個國家？發現的瓷器碎片分別來自中國、泰國和越南，是否意味著沉船來自這些地方呢？這非常難以確定，尤其是在沉船地點沒有發現船隻的建造材料。

因此，被發現的瓷器就在這方面起著重要的作用，同時還應借鑑東南亞或中國有關航海歷史的記載。

有推測認為，「文萊沉船」是中國的帆船，而非泰國或者越南的船隻。根據東南亞航海史的記載，中國直到西元八世紀才擁有較高的航海技術。那時，遼闊的海域完全被來自南亞和中東的商人所控制。儘管如此，到了宋元兩代，這個傳統局面開始發生改變，中國人不但在南海上擁有了高超的航海技術，同時也在商業的舞台上擊敗了阿拉伯人和波斯人。元朝時，政府提供商船和資金，鼓勵本土商人到國外經商，70%的利潤歸政府所有，30%屬於商人自己。到了明朝，中國擁有了世界最頂尖的航海技術，並被包括歐洲國家在內的其他國家爭相效仿。

與中國相比，越南和泰國並不具備突出的航海技術。對於越南來說，有三個因素導致其在世界航海領域和國際商業上遠遠落後於中國：缺乏航海專家，缺乏能夠進行遠洋航行的船隻，以及政府為了避免稅收損失所採取的海禁措施。這些導致了越南的航海以及貿易完全被外國商人所控制。十七世紀早期的荷蘭文獻記載，在十四世紀，來自爪哇的商人從越南的港口將越南瓷器和其他商品銷往馬來群島地區的各個碼頭。此後的一個世紀，在越的中國商人將越南商品銷往東南亞，穆斯林商人則將越南商品銷往中東地區。

泰國同樣在國際航海領域遠遠落後。儘管大城

（Ayuthaya）在十三至十五世紀是泰國灣的一個重要港口，但是直至大城王朝巴薩通國王（Prasat Thong）統治時期，泰國都沒有強大的船隊。雖然在這之後泰國建立了皇家艦隊，但海上貿易仍然受到來自中國、日本、南亞和歐洲的航海家的掌控。學者崔西和拉伊德認為，泰國人只擅長內河航行。

中國從西元十世紀開始就在航海方面處於世界領先地位。馬可・波羅記載，在西元十三世紀，中國的船隻已經擁有多個船艙，以供不同的商人使用。船上的工人多達一百五十至三百人。這些船與歐洲的船相比，能裝載更多的貨物。每艘船大約能裝五千到六千筐白胡椒粉。在福建的泉州港，他曾看到過擁有四張帆和不少於六十個船艙的大船。阿拉伯旅行家伊本・白圖泰（Ibn Battuta）曾經記錄下他於十四世紀在印度港口目睹的先進的中國商船。他認為，那是當時最好的船，比阿拉伯的船隻更先進，可以逆風行駛，擁有巨大的船帆並可以容納一千多名乘客。

如果「文萊沉船」是一艘中國船，那上面為什麼還有來自越南和泰國的商品呢？很大的可能性是這艘船是從泉州或者廣州出發的，在駛向東南亞大陸之前，穿過南海到達文萊。從唐朝直至明朝，泉州和廣州都是中國重要的港口。來自中國各地的商品，如景德鎮、廣東、福建、浙江的瓷器聚集於此，並從這兩個港口銷往國外。船隻出發以後，沿著東南亞的整條海岸線航行。由於航行時間較長，

這些商船通常會在沿途港口短暫停泊，修理船隻，補充食物和飲水，同時還可以就地進行貿易。「文萊沉船」很有可能曾經在越南及泰國停留，船上的兩國瓷器就是很好的證明。儘管如此，船上的中國貨物仍然占總數的 60%，泰國和越南的瓷器分別占35%和 5%。

從西元一世紀開始，就有幾條航道經常被往來於東南亞和中國之間的商人們使用。最早的航道是連接中國和中南半島、東南亞群島的西航道。這條航道大約在西元一世紀，也就是在中國漢朝年間就開始使用了。十四至十六世紀，共有六條從中國進入東南亞、南亞、中東、非洲和歐洲市場的貿易航道。文萊處於第一條航道上。這條航道從中國南部開始，連接越南、暹羅灣、馬來半島、菲律賓、婆羅洲的各個港口以及位於爪哇的杜班（Tuban）、錦石（Gresik）、扎巴拉（Japara）和淡目（Demak）等港口。這一區域貿易的飛速發展，帶動了一些有影響力的港口的出現。這些港口不但是商業中心，也是地區行政中心。在文萊，哥打巴都港口於西元十四至十七世紀成為北婆羅洲的行政及商業中心。

結語

根據考古學的研究，文萊和中國的友好關係被證實開始於中國唐朝末期，這種友好關係在宋朝得到發展，在明朝不斷提升。兩國之間的親密關係可

二〇〇五年四月二十一日,正在對文萊進行國事訪問的中國國家主席胡錦濤參觀文萊國家博物館的中國瓷器館。(供圖:中新社)

以從文萊各處考古發現,如特魯桑古邦、哥打巴都和「文萊沉船」出土的大量中國文物得到驗證。

　　兩國之間的友好關係從十七世紀開始逐漸遭到破壞,因為當時文萊面臨著不少內部問題,如西方的入侵、海盜的進攻以及內戰。這些問題導致文萊國內局勢不穩,並間接影響到文萊與其他國家包括中國的貿易。石碑銘文記載,政治混亂導致文萊國

內的困境，而外國船隻被禁止進入文萊河口進行貿易。從考古學角度來看，文萊全國各處的考古遺址中鮮少發現十七世紀的中國商品，這就是證明。哥打巴都出土的明末清初的瓷器，要遠遠少於明朝中期的。

十七世紀末，文萊的行政中心從哥打巴都遷往文萊河上游十二英里外的新行政中心。弗雷斯特指出，一七八〇年文萊和中國之間的貿易仍在進行，但是規模十分有限。中國的商人到文萊收購當地的貨品，如黑木、樟腦、藤木、松香、肉桂、龜殼和燕窩。

十八世紀，文萊的勢力繼續衰弱。至十八世紀末，文萊的領土只覆蓋沙撈越及沙巴的一部分。到了十九世紀，文萊的領土進一步縮小到今日的規模。中國和歐洲的商船不再停泊文萊，文萊只與坤甸、丁加奴、廖內、林加和馬六甲進行貿易。十九世紀中期，新加坡港口的建立進一步加劇了文萊的衰弱。文萊港只與蘇祿、婆羅洲西部、馬來半島東部進行貿易。那時，中國的商船再也不到文萊的港口。

但是，文中關係在二十世紀有了良好的發展，尤其在文萊一九八四年獨立之後更進一步。兩國於一九九一年建立外交關係。今天，我們感到十分榮幸，可以一同慶祝兩國建交二十五週年，希望兩國之間的友誼地久天長。更多的學術領域有待我們去開拓，只有通過深入細緻的研究，我們才可以清楚

闡述兩國之間長達一千五百年的交往。

在結束這篇文章之前，我想談兩個值得我們關注的考古項目，無論對文萊而言，還是對中國來說都是如此。第一個是中國皇帝在西元一四〇八年賜予文萊政府的石碑，這個石碑據說是在中國刻製之後運送到文萊，並立在文萊城的後山上。可以確定，這塊石碑位於哥打巴都，也就是西元十四至十七世紀的文萊故都。我希望能使用現代化的尖端設備進行聯合探測。如果能找到這塊石碑，將是世紀性的發現，毋庸置疑，它將是文中友好歷史關係的有力證明。我還想談一下一四〇八年駕崩於中國的文萊國王的墓，應該對此進行更深入的研究，比如進行考古發掘。科學性的研究是必須的，例如進行DNA 測試以確定死者的基因以及其來源。

楊新華：中文文化交往的友好使者

徐宛芝

（中國江蘇網記者）

一九八四年，楊新華從教育系統調到南京市雨花台區文物事業管理委員會，開始從事文物保護和管理工作。多年來，他熱愛本職工作，刻苦鑽研業務，善於學習，不畏艱苦，對本地區的文物進行普查、建檔立志，並利用業餘時間著書立說，努力進行學術研究，取得了顯著成績。一九九二年，他擔任雨花台區文化局副局長。一九九八年，他被任命為南京市文物局副局長。期間，他曾兩次赴文萊與同行交流，出席座談會、研討會、鑑定會，並且代表南京市文物局與文萊國家文物局簽署了友好文化交流備忘錄。從此，他結下一段與文萊的不解之緣，成為一位名副其實的中文文化交往的友好使者。

因國王墓而結緣文萊

在南京安德門外石子崗烏龜山南麓，有座著名的浡泥國王墓，這是明朝年間中國和文萊兩國友好

往來的見證。歷經六百多年歷史風雲，浡泥國王墓從「遺跡皆渺不可尋」，到如今修繕完備成為一處著名景點，也承載著江蘇與文萊的不解之緣。

如今，年過六旬的楊新華，已經從南京市文物局退休。他的身體不是很好，二〇一四年做過一次大手術。可一談起浡泥國王墓，楊新華就神采奕奕，向記者講述了因此與文萊結緣的難忘經歷。

據史料記載，永樂六年（1408 年），浡泥國王攜妻子、弟妹、子女、陪臣共一百五十多人來中國進行友好訪問，同年十月病故，年僅二十八歲。國王留下遺願：體魄托葬中華。明成祖以王禮埋葬，謚恭順王，建祠祭祀。浡泥國王墓於一九五八年被發現，後又發現了埋在土中的殘碑，碑文可補明史之缺。

一九八四年五月，楊新華調到雨花台區文物局，參與全國第二次文物普查。當時，雨花台區範圍很大，但文保單位很少。楊新華和同事王梅影靠著自行車和兩條腿跑遍了全區。「我們背個小包，包裡放著水杯、幾個燒餅和一個筆記本，一跑就是一整天。」楊新華說，浡泥國王墓在發現後簡單修過一下，但幾十年裡一直處在荒草叢中，這次普查後，他們決定把浡泥國王墓確立為重點保護對象。

然而，當時中國和文萊並沒有建交，國內能找到的文萊相關文章很少，這讓研究和保護浡泥國王墓困難重重。「我對文萊也並不了解，但莫名就有緣分。」楊新華說，在沒有從事文物工作時，他就

曾經把報紙上二十多篇介紹文萊的小文章裁下來保留，後來又去圖書館翻閱資料，查到蘇聯出的一本關於文萊的書和明史等各個版本的史書。在此基礎上，一九九一年五月，楊新華編著出版了《浡泥國王墓探源》。他謙虛地表示：「這算是我湊合的一本書，因為大多是歷史資料，對文萊現實的東西幾乎一無所知。我也是希望能藉著這本書，從社會上獲取更多有關文萊的資料。」

讓楊新華沒有想到的是，這本書的影響很大。一九九一年九月三十日，中國和文萊正式建交。後來，中國首任常駐文萊大使劉新生在上任前專程到南京拜訪楊新華，請教他有關文萊的問題。楊新華把《浡泥國王墓探源》送給了大使，劉新生說：「這是我第一本了解文萊的教科書。」

護送神道碑去文萊

建交後，文萊和中國的交往逐漸增多，除了在北京商討國事，文萊的代表團都要來南京，拜謁浡泥國王墓。不過，當時因為中文建交引起了西方人士的恐慌，有人散布關於浡泥國王墓的謠言，有說這個墓是假的，也有說當時的國王不是病死而是被毒死的。「一九九四年，文萊方面派了他們的歷史中心主任佩欣‧賈米爾來南京，他是文萊的歷史權威，他的態度非常重要。」楊新華回憶說，當時對方要求提供碑文拓片，由於他們只在南京待兩三

陳列在文萊歷史中心的浡泥王墓神道碑（複製品）

文萊歷史中心

天，楊新華國慶節都沒有休息，和同事把拓片做好給對方帶回文萊研究。他的努力沒有白費，一九九五年，在南京舉行的鄭和下西洋研討會上，佩欣·賈米爾公布了文萊的研究結論，駁斥了那些謠言，確定了浡泥國王墓的歷史地位。

而後，應佩欣·賈米爾的邀請，南京文物局派出三人護送浡泥國王墓神道碑的複製品到文萊，將其與歷任文萊蘇丹墓碑並列存放在文萊歷史中心。作為長期關注和研究文萊的學者，楊新華終於有機會拜訪這個與他頗有緣分的國家。浡泥國王墓神道碑向文萊公眾展示，在當地產生了積極反響。中國技術人員走在街上、進出店鋪，經常聽到人們在議論，所到之處，都受到特殊禮遇。「文萊人很熱

情，得知我們是中國來的，對我們特別友好。」楊新華說起當時的一個插曲：剛到文萊時，還沒來得及換當地的貨幣，所以沒有錢吃飯。他隨身帶了點方便麵，不料文萊這個熱帶國家沒有熱水，水都是可以直接飲用的涼水。「當時我們住在首都飯店，服務員得知我們這個情況，直接給我們送來了飯，都不收錢。」

這次訪問文萊，楊新華也遇到了通信多年的文萊大學饒尚東博士。他們一起去看了文萊河愛丁堡橋畔的中國宋碑，併合影留念。「我們開車去的，一路上都在唱中國的歌，比如《花兒為什麼這樣紅》《洪湖水、浪打浪》等。」楊新華得知，電影《劉三姐》在文萊影響很大，放映了好多遍，許多觀眾都會唱其中的歌曲。

再赴文萊商談交流

二○○四年四月，楊新華第二次來到文萊，代表南京市文物局與文萊國家文物局簽訂了「合作共識」：（1）以紀念鄭和下西洋六百週年、中文建交十五週年和古渤泥國王蘇丹瑪吉德哈桑逝世六百週年為契機，成立一個聯合工作小組，籌備上述紀念活動，以加強中文交往。（2）加強在檔案、圖書、文獻、地圖和其他相關資料方面的交流。（3）加強在考古、文物保護和修復、檔案和其他領域的互惠合作。（4）加強展品交流，雙方均要朝著為古渤泥

國王蘇丹瑪吉德哈桑修建展廳、提供展品努力。
（5）交換兩國關係文物複製品，具體細節由雙方稍
後商定。

　　楊新華回憶說：「正好他們當時拓寬河道，在
文萊河支流河岸發掘出大量的瓷器碎片，我們專家
看過，大多是宋瓷，這是中國和文萊友好交往的又
一例證。」而楊新華也將這種友好交往延續了下
去：「我給他們帶了雲錦大紅披肩，他們披上就不
拿下來了，都說太好看了！」他還深情地說，在文
萊訪問期間，「又一次感受到了文萊人的友好，他
們對我們真是非常尊敬」。楊新華一行去參觀王室
博物館，這裡一般都要求脫鞋入內，但主人堅決不
讓他們脫鞋，並且由館長親自陪同參觀，「後來還
讓我在只有國家元首才有資格簽名的紀念冊上簽名
留念，這讓我非常意外和感動」。

楊新華最後說，為浡泥國王墓所做的一切工作，都讓他頗為自豪。如今，兩國的友誼又將上一個新台階，他用自己的親身經歷表示，文化交流是根本，「文萊對於歷史非常重視，他們的圖書館、博物館都非常好，藉助這些原始資料的交流，其他一切東西都可以開展」。楊新華正在考慮把自己寫的《浡泥國王墓探源》送給文萊博物館，他說：「我也沒想到當年手寫的黑不溜秋的稿紙，能給我的人生帶來這樣一段難忘的文萊緣分。」

　　（此文原載於二〇一六年五月三日中國江蘇網，
　　　　　　　收錄時作了修改和補充）

不接觸就無法戀愛

——中文關係以及我與文萊的情緣

黃溪連

（中國外交部亞洲司副司長）

在外界眼中，文萊是一個和平富足、風光旖旎的小島國，猶如傳說中的香格里拉，總是蒙著一層美麗而神祕的面紗。作為一名外交官，能夠有機會到文萊常駐是幸運的。而我不僅兩次常駐文萊，而且親身參與了中文建交談判過程，見證了中文從相識、相知到相戀的過程，堪稱「多倍幸運」！

二〇一六年是中國和文萊建交二十五週年。回首往事，歷歷在目。二十五年前，在兩國領導人的關心和指導下，中文建立了正式外交關係。二十五年後的今天，中文關係已經提升為戰略合作關係，各領域交流合作果實纍纍，成為大小鄰國之間友好相處、互敬互助的典範。文萊成為中國在東盟成員國中最親密的朋友、鄰居和夥伴之一。在這一過程中，我不僅見證了中文兩個傳統友好鄰邦重續「前緣」，而且同文萊建立了深厚的個人情緣。

中文自古以來一直保持密切交往，明朝時期兩國官方交往達到了高潮，至今南京市郊區還有一座保存完好的浡泥（文萊古稱）王墓，即是當時兩國

高層密切交往的歷史見證。近代以來，隨著西方殖民勢力入侵，兩國官方接觸中斷了數百年。由於長期不相往來，加上意識形態差異等因素，兩國之間嚴重缺乏了解，但一旦接觸起來，彼此有著天然的親近感。

一九九〇年夏，我被分配到外交部亞洲司工作，主管馬來西亞和文萊方向。當時，中國與印尼復交在即，與新加坡建交談判也提上了日程。而中國和文萊這兩個隔海相望的鄰國，不僅沒有外交關係，而且民間交往也受到嚴格限制。兩國之間的接觸主要限於多邊渠道。

一九九一年四月，亞太勞工部長會議和聯合國維和行動研究會在北京舉行。我被指派為分別來華出席上述兩會的文萊財政部副部長達圖·斯基納和外交部常秘林玉成擔任聯絡員，有幸與兩位高官及其隨行人員朝夕相處，從此與文萊結下了善緣。後來我兩次到文萊常駐時，這些老朋友給了我很大幫助。

建交之前，中文雙邊接觸主要通過兩國常駐聯合國代表團進行。兩國外長也曾多次在聯合國等多邊場合舉行雙邊會晤，就雙邊關係特別是建交事宜進行探討。一九九〇年中國同印度尼西亞和新加坡先後實現復交和建交後，中文建交時機日益成熟。在此背景下，文萊高層作出了同中國建交的正確決斷。

一九九一年九月中旬，林玉成常秘應邀率團來

一九九五年七月，錢
其琛副總理兼外長
（前排中）赴文萊出席
東盟外長有關會議期
間親切接見使館人員
併合影留念。（前排右
2為劉新生大使，第
三排左1為黃溪連）

北京舉行建交談判，下榻釣魚台國賓館。由於文萊與台灣當局沒有「外交關係」，而且中文雙方都能夠注意照顧彼此關切，建交談判進展順利，很快就談成了建交公報草案。當時，林玉成常秘還代表文萊政府就中國遭受嚴重水災向中國政府捐贈了五萬美元。對中方而言，這個捐款數額雖不大，但情義很重，讓我們深受感動。我當時參加接待工作，跑前跑後做些雜務。我清楚地記得，結束談判後，文方人員臉上都露出了輕鬆的笑容，興致勃勃地讓我陪他們上街購物。

同年九月三十日，錢其琛外長在紐約出席聯合國大會期間，與文萊外交部長穆罕默德·博爾基亞親王分別代表兩國政府簽署了中文建交公報，決定自當日起兩國建立大使級外交關係。這標誌著中文

黃溪連（站立者）與
時任文萊外交部常務
秘書林玉成先生合影
留念。

　　兩個友鄰重新續上中斷了數百年的友好關係，也意
味著中國補齊了在東南亞方向的外交拼版，實現了
對東盟所有國家的外交全覆蓋，意義重大。

　　在建交談判過程中，林玉成常秘多次引用穆罕
默德·博爾基亞外交部長的話說，「不接觸就無法
戀愛」，希望文中建交後，兩國友好合作關係能夠
結出豐碩成果。這個形象的比喻給我留下了深刻印
象，因為它道出了兩國人民的共同心聲，表達了兩

國人民的殷切期待。中文兩國從此開始接觸，從相識走向相知，從相知走向「相戀」。

為了照顧文方實際困難，雙方在建交談判中就先建交不建館達成諒解，並一致同意暫時委任各自駐馬來西亞大使兼任駐對方國家大使。儘管如此，建交後兩國間官方接觸迅速增加，並形成了高層互訪的第一個高潮。

一九九二年七月，國務委員兼外交部長錢其琛應邀對文萊進行正式訪問。這是中國領導人首次踏足文萊。時任中國駐馬來西亞兼駐文萊大使金桂華陪同訪問，我也隨同參加了這次訪問。錢外長拜會文萊蘇丹哈桑納爾·博爾基亞時，蘇丹談及兩國悠久的友好交往，表示文萊首都有一條街道名為「Ong Sung Bin Road」，是兩國傳統友誼的象徵。中方參加會談的人員都是首次聽說此事，不知詳情。晚飯時，錢外長詢及此事。我出訪前查閱檔案資料時碰巧看到了相關典故，就怯生生地作了匯報：斯里巴加灣市這條路叫「王總兵路」（也有譯為「王三品路」或「黃森屏路」），據後來考證，其命名是為了紀念率領船隊到過文萊的明朝航海家鄭和的副將王景弘。

後來我到文萊工作期間，還聽到一個有趣的民間傳說：明朝時期，王三品（Ong Sung Bin）隨鄭和船隊來到浡泥王國，被浡泥王招為駙馬，並紮根當地。有一天浡泥王過生日，為表達孝敬之意，駙馬吩咐當地僕人宰雞。在馬來語中，「宰雞」

（Bunuh Ayam）與「殺父」（Bunuh Ayah）兩個詞發音極為相近。僕人誤以為駙馬要殺死父王，立即報告浡泥王以表忠心。浡泥王勃然大怒，派兵將駙馬抓起來並處死。待真相大白後，浡泥王為表達懊悔和紀念，以駙馬的名字命名首都的一條繁華街道。這個傳說顯然不靠譜，而且類似的民間傳說還有好幾個版本，但歸根到底都說明了中文之間悠久的友好交往歷史。

　　一九九三年六月，文萊外交部長穆罕默德·博爾基亞親王對中國進行正式訪問。隨後，文萊蘇丹和國家元首哈桑納爾·博爾基亞於當年十一月對中國進行國事訪問。這次訪問是明朝以後文萊蘇丹首次踏足中華大地，在中文關係史上具有歷史性意義。在高層互訪推動下，兩國政治互信明顯上升，合作交流不斷擴大。在不斷的接觸中，兩國從相識走向相知。

　　作為新入行的外交人員，能夠見證和參與中文建交談判，我已然緣分不淺。能夠到文萊建館並首任常駐，對我更是未曾想到，讓我與文萊緣加一分。

　　由於建交後雙方接觸增多，互設使館的迫切性上升。一九九三年八月，兩國商定在各自首都互設使館並互派常駐大使。兩國元首很快分別任命了大使，即中國首任常駐文萊大使劉新生和文萊首任常駐中國大使阿卜杜拉。由於文萊蘇丹即將於十一月訪華，文萊駐華使館首先於十月在京開館。而中方決定在文萊蘇丹訪華之後即派先遣小組赴文萊建

一九九四年，時任中國外交部副部長唐家璇（後排左4）率團赴文萊出席中文兩國外交部高官磋商期間與使館陪同人員合影留念。（後排左5為時任外交部亞洲司副司長王毅，左3為劉新生大使，前排右1為黃溪連）

館。建館先遣小組名單中本來並沒有我。當時我入部已三年多，該考慮出國常駐了，東南亞方向有幾個選擇。時任亞洲司司長王英凡詢及我的個人意見，出於對文萊樸素而朦朧的憧憬，我脫口而出點明文萊。當時我只是說說而已，並不抱太大希望，但不久後驚喜地接到通知，我被加入了建館先遣組人員名單。我滿懷熱忱地投入建館的先期籌備工作中，從刻館章到採購建館物資，忙並快樂著。

十一月二十七日，我們建館先遣小組一行三人在負責人段增琪帶領下抵達斯里巴加灣市。文萊泓景酒店老闆洪瑞泉得知我們要去建館，事先飛到北

京找我們「遊說」。當時文萊首都高級飯店稀缺，我們經考察後決定將使館臨時設在泓景酒店。建館初期，我們在文萊人生地不熟，諸事不便。洪瑞泉先生和不少文萊朋友給了我們很多寶貴的幫助，讓我們倍感溫暖。記得有幾次在外面餐館就餐，有文萊朋友悄悄給我們加點菜，也有文萊朋友乾脆幫我們埋單，並且做好事不留名。我們深受感動，從中深切體會到文萊人民對中國人民的深厚情誼。

經過緊張籌備，一九九三年十二月八日，我們在酒店舉行了一個簡單而隆重的開館儀式。段增琪臨時代辦致辭，我主持儀式，另一位同事賈亦工升國旗。我們建館先遣小組三個人全部上場，剛剛夠用！這是一個莊嚴而神聖的時刻。看著第一面五星紅旗在文萊達魯薩蘭國首都上空冉冉升起，我們心中的自豪感和使命感油然而生。

劉新生大使十二月二十六日到任，標誌著中文兩國友好接觸開啟了一個新階段。此後，我品味著初次常駐的新鮮感，享受著斯里巴加灣市的燦爛陽光，體驗著文萊人民的友好情誼，在文萊度過了三年充實而快樂的時光。這三年間，中文之間高層往來不斷，各領域接觸日益密切。

一九九七年初我回到外交部亞洲司工作後，一直主管馬來西亞和文萊方向，見證並參與了中文高層交往的第二個高潮。一九九九年，文萊蘇丹再次訪問中國。此後，兩國高層往來一起接一起，讓關心中文關係的人們驚喜不斷。二〇〇〇年十一月，

一九九三年底，中國駐文萊使館舉行開館升旗儀式，黃溪連擔任主持人。

江澤民主席赴文萊出席第八次亞太經合組織領導人非正式會議並對文萊進行國事訪問。這是中國國家元首首次訪問文萊，具有歷史性意義。文萊蘇丹向江澤民主席授予了「最珍貴的王室勛章」。兩國還簽署了《互相鼓勵和保護投資協議》《中國公民自費赴文旅遊實施方案的諒解備忘錄》和《錢皮恩原油長期合同》，標誌著兩國務實合作進入了新的發展階段。二〇〇一年五月，在兩國元首的共同倡議

下，中文兩國政府在北京共同舉辦亞太經合組織人力資源能力建設高峰會議。中文兩國聯手舉辦國際會議、共同推動國際合作，堪稱富有意義的外交創舉，樹立了兩個大小國家攜手合作的典範。同年五月，中國全國人大常委會委員長李鵬對文萊進行正式友好訪問；十一月，國務院總理朱鎔基應文萊蘇丹邀請出席在文萊舉行的東亞合作領導人系列會議。中文領導人密集互訪，特別是中國三位最高領導人一年之內接踵到訪文萊，形成了兩國高層交往的空前高潮，這在中國同周邊國家的高層交往中實屬罕見。可以說，這一時期中文兩國從相知走向了「熱戀」。

二〇〇七年七月，我被任命為駐文萊使館政務參贊，協助佟曉玲大使工作。再次回到美麗而熟悉的斯里巴加灣市，回到友好熱情的文萊朋友身邊，我感到十分開心。不久，中國時任外交部長楊潔篪和國防部長遲浩田分別訪文，我在接待中深切感受到中文之間親密而富有成果的高層互動。由於工作需要，我到任九個多月後即奉調轉到駐美國使館工作，依依不捨地離開了文萊。此次任期雖然短暫，但讓我再次體會到文萊人民的友好情誼，感受到兩國友誼與合作的美好前景。在文萊朋友為我舉辦的餞行宴會上，我動情地說：我與文萊結緣至深，一定還會回來的！此後，我無論到什麼地方，一直心繫文萊，心繫中文關係，與文萊朋友們保持著聯繫。

二〇一三年四月，文萊蘇丹訪華期間，習近平

主席與他共同決定將中文關係提升為戰略合作關係。這一新定位為兩國關係未來發展指明了方向，標誌著兩國關係從此進入了成熟、穩定的發展時期。回顧過去的二十五年，中文關係取得了如此大的發展，可以說遠遠超出過去數百年之總和。這得益於兩國傳統友誼打下的堅實基礎，得益於兩國領導人的精心培育，得益於兩國各界人士的不懈努力。

回首建交二十五年歷程，感慨良多。中文建交雖晚，但雙邊關係發展迅速、成果斐然，確實令人欣慰。探討其中奧秘，我認為關鍵是相互信任。

中文相互信任是歷史積累的產物。歷史上，中國和文萊一直和睦相處，從未發生過不愉快的衝突、糾紛或摩擦。因此，兩國建交後既沒有歷史包袱，也不存在懸而未決的現實問題。兩國接觸從一開始就比較順暢，只談友誼與合作，無涉分歧與爭議。這兩個民族經過數個世紀的睦鄰相處，早已在內心深處建立起對彼此天然的安全感和親近感。這種歷史的積澱猶如一片肥沃土壤裡的種子，一旦春天到來，只要略加施肥澆水，很快能夠滋長出鮮嫩而健壯的信任之芽。中文重新接觸後建立的互信，是具有相當歷史厚度和時間沉澱的互信。在這種堅實的互信「地基」之上，可以建設高聳入雲的中文關係「大廈」。

中文相互信任也是良性互動的結果。對於兩個幅員和國力差距懸殊的鄰國，即使拜歷史所賜彼此

存在信任的堅實基礎，但在現實交往中也很容易滋生出小國對大國的敬畏感甚至不安全感。有人說，憑中國體量之大，周邊國家對華存在疑慮是很自然的。但對於中文關係而言，這種「宿命論」顯然存在「例外」。這種「例外」是因為中文兩國政府共同致力於互敬互助、和睦相處，而且妥善處理了兩國間的分歧。雙方堅持互不干涉內政原則，彼此尊重，在交往中既積極推進友誼與合作，又注意把握對方的舒適度。中方一再強調，國家無論大小強弱，一律平等。中國將這種理念忠實地貫徹到對文萊交往中，讓文方切身感受到一個大國的寬厚與敬重。在南海問題上，雙方總是相互諒解，保持低調，以水過無痕的方式處理分歧。

作為一個正在崛起的大國，中國正經歷著「成長的煩惱」。中國致力於以「親、誠、惠、容」的態度與周邊國家打交道，熱情地伸出友誼與合作之手。中國不僅希望走進周邊，而且期待融入周邊。有耕耘就有收穫，中國對此心存感激。但仍有一些鄰國對中國存在莫名的疑慮，使中國在成長中深感煩惱與無奈。在這種情況下，鄰國的信任對中國而言顯得很珍貴，這種信任會感動中國，而且會贏得中國的尊重，反過來增進彼此信任，催化友誼與合作。中國在同文萊打交道的過程中，體驗到了文萊的信任。正因為如此，文萊不僅獲得了中國的信任，而且贏得了中國的尊重。對於東盟個別國家，文萊這個「例外」堪稱有益的樣板。

二○一六年是中文關係的「銀禧年」。對於中文關係而言，如果說過去的二十五年是「白銀二十五年」，那麼未來的二十五年應該是「黃金二十五年」。我堅信，中文關係未來的二十五年將是美麗的季節、豐收的季節，中文關係一定會發展得更實、更深、更遠！

在中國的十一天

——一段短暫卻有意義的經歷

佩　欣·賈米爾

（文萊歷史中心前主任）

張　強　譯

中國是世界上最古老的國家之一，已經有幾千年的文明，歷史漫長，成就偉大。根據歷史記載，從古代開始，文萊就和中國有聯繫。在中國史書和古籍中，文萊被稱為「婆利」「婆羅」或「浡泥」，後來被稱為「文萊」。早在西元一四〇八年，文萊國王阿卜杜·馬吉德·哈桑蘇丹（麻那惹加那乃）就已經來到中國參加明朝皇太子的加封典禮。同年十月，阿卜杜·馬吉德·哈桑蘇丹在中國病逝，遺體葬於南京。

一九五八年，阿卜杜·馬吉德·哈桑蘇丹的陵墓被南京博物館的考古專家發現。同年，考古專家用中文公布了這項重大發現，這一消息不久又被感興趣的人士翻譯成英文。現在，這個陵墓被列為保護文物，吸引了大批遊客。看到這則新聞，我的心裡就產生了去親眼目睹和了解的願望。這是吸引和促使我去中國訪問的原因之一。此外，我也希望去了解這個國家的現狀，將我發現的情況作些比較，

以此作為我們民族和國家的借鑑。那些好的經驗，我們可以去學習；那些不適合我們的，可以引以為鑑。恰好在一九九四年，一個中國的組織邀請我去訪問。帶著上述願望，我和幾位文萊的專家學者一起去了中國。和我同行的有哈吉・阿卜杜・拉迪夫・本・哈吉・易卜拉欣、阿卜杜・哈米德・本・哈吉・阿卜杜・賈利爾、哈吉・阿卜杜・卡里姆・本・哈吉・阿卜杜・拉赫曼和哈吉・奧斯曼・本・薩勒哈。我利用這次機會去參觀阿卜杜・馬吉德・哈桑蘇丹墓，同時也就該陵墓以及其他一些歷史問題，尤其是文萊與中國在古代的關係問題，與中國的歷史學家進行討論和交換意見。

在中國期間，除參觀阿卜杜・馬吉德・哈桑蘇丹墓之外，東道主還安排了其他一些參觀項目。其中，我們在西安參觀了一個清真寺，這個清真寺是在西元七四二年的唐朝開始修建的。這個清真寺的建造不是一次性的，而是延續了很長時間，在隨後的宋朝、元朝、明朝和清朝，修建工作一直在進行。這個清真寺可以說和我以往所見過和參觀過的所有清真寺都不同，因為它的建築風格完全是中國傳統特色的。如果不知道內情，光從外面看，我們肯定想不到這裡竟然是一個清真寺。

清真寺的牆壁是用《古蘭經》的經文書法來裝飾的，有三十章之多，至今仍然可以辨認。牆上的這些經文將被全部譯成中文，翻譯工作目前正在進行。清真寺的修繕工作也一直在進行，經費來源主

要是公眾的捐款，其中大部分是來訪者的捐贈。清
真寺內的雕刻將中國傳統文化和伊斯蘭元素有機地
結合在一起，吸引了大批來訪的遊客。

　　清真寺的面積約有一萬三千平方米，其中不僅
有禮拜大殿，還包括一些有專門用途的建築，例如
接待客人的地方、阿訇的住處、信徒學習伊斯蘭教
知識的場所。該清真寺的阿訇名為馬良驥，被尊稱
為「哈吉·穆罕默德·尤努斯」。他是陝西省伊斯
蘭教協會的會長，同時還擔任中國伊斯蘭教協會的
副會長。

　　在南京期間，恰逢星期五，我在南京的淨覺寺
參加了集體禮拜。該清真寺的伊瑪目名為馬國賢。
禮拜結束後，我們有機會和馬阿訇一起座談，就淨
覺寺的歷史以及伊斯蘭教在中國的早期發展等問題
進行了探討。他介紹說，伊斯蘭教在中國的傳播最
初是由阿拉伯人開始的。當然，因為時間的限制，
這樣的討論不可能非常細緻。但是，討論的結果將

佩欣·賈米爾（左1）
在淨泥王墓前。

會成為我們進行相關問題研究的出發點。

在南京期間，我還去參觀了前面提到過的阿卜杜·馬吉德·哈桑蘇丹墓。該陵墓位於一個被稱為雨花台的地方。導遊介紹說，該陵墓是於一九五八年五月十二日發現的，一九八一年被列為江蘇省文物保護單位。起初，中國的歷史學者認為這是加里曼丹（印度尼西亞）國王墓，因為他們認為「渤泥」就是今天的加里曼丹島。但是隨後，在《明史》卷三百二十五中發現了相關記載，證明這是文萊（渤泥）國王墓。他於一四〇八年八月來到中國訪問，同年十月病逝。這位國王在中國的史書中被稱為麻那惹加那乃。歷史學家認為麻那惹加那乃應是馬來語中「國王」的漢語音譯。據中國史書記載，文萊在古代被中國人稱為「渤泥」。導遊介紹說，早在歷史學家發現這個陵墓前，很長時間以來，在周圍居住的許多中國穆斯林就認為這是某位伊斯蘭教徒的陵墓，他們在每年的宰牲節和伊斯蘭教新年的時候都會來這裡掃墓。儘管他們並不知道陵墓的主人究竟是誰，但是他們一直堅信這個陵墓是神聖的。

在通往渤泥國王墓的道路旁，立有一塊石碑，高 2.47 米，底部寬 1.10 米，頂部寬 1.07 米。石碑立在一隻石龜身上，石碑上的銘文記述了渤泥國王的簡要事蹟，大意如下：

（1408 年）八月廿八日，秋天，渤泥國王麻那惹加那乃攜帶貢品前來晉謁（中國皇帝）。經過奉天門，渤泥國王用工整的詞句（通過一名翻譯）向

皇帝敘述說，自己以及臣民生活安定、豐衣足食，卻不顧危險，帶著妻子和兒女不辭辛苦遠渡重洋來到中國，只為了能夠覲見天朝皇帝。天朝皇帝對諸鄰國均一視同仁，正好比飛禽走獸叫聲各異，意義卻相通。皇帝下旨在奉天門前設宴款待浡泥國王、王后、王子公主以及隨同大臣。次日午後，國王染病。中國皇帝派人為國王治療，並命人購買上好藥材。但出乎意料的是，國王竟一病不起，病逝於南京，年僅二十八歲。臨終前，國王囑咐王后要保持與中國的友好關係，以此報答中國皇帝的恩德。中國皇帝按照國王的意願將其安葬在中國。皇帝本人也弔唁三天，表示對浡泥國王病逝的哀悼。

據當地的歷史學家介紹，背負石碑的龜傳說是龍的第九個兒子，名為贔，是幸福平安的象徵。中國人認為龜象徵著智慧和長壽。

佩欣・賈米爾一行在南京與鄭和研究專家合影留念。

通往浡泥國王墓的道路向前延伸，隨後轉向右邊。在道路兩側，立有各種石像。最前面的是兩匹石馬，然後依次是兩尊馬伕的石像、兩隻石虎和兩尊武士像，武士的臉形和鼻子都很像馬來人。道路的盡頭就是浡泥國王墓的所在。然而，實際上那裡僅僅是一片開闊的空地而已，連一個標誌也沒有，只是人們都說浡泥國王墓就在這裡。這是因為根據中國的傳統和習慣，不會標明國王陵墓的確切位置，通常只是大略地指向一個地區。

離開浡泥國王墓後，訪問團就去參觀鄭和墓。鄭和是中國古代著名的穆斯林，被皇帝任命為海軍統帥，為國家作出了偉大的功績。中國史書中記載，鄭和曾率領船隊出訪馬來亞，先後造訪過爪哇、文萊、馬六甲、亞齊和其他馬來亞地區的伊斯

劉新生大使宴請佩欣．賈米爾（中左），為其一行訪華餞行。

蘭國家。回國後，因為鄭和的卓越功績，他成為皇帝信任的大臣，獲准居住在皇宮內。在中國，人們都很尊敬鄭和，把他當作聖人。據導遊介紹，鄭和出生在一個名叫穆罕默德·沙阿班的穆斯林世家。

除鄭和墓以外，導遊還帶領我們去參觀了其他幾個在華伊斯蘭教傳播者的陵墓，墓主多數來自阿拉伯。其中最著名的是普哈丁的墓園，他於一二七五年去世。

在北京期間，我們參觀了舉世聞名的萬里長城。據說，長城在秦始皇統治時期（前 221-前 209）開始修建，作為防禦的屏障。秦之後的各朝都對長城進行了修繕，尤其是在明代（1368-1644）。長城從西面的甘肅起，橫穿大陸，直至東面的大海。為了便於歷史學者來這裡考察長城的重要性，以及吸引遊客前來參觀和遊覽，長城的一大部分目前已經被開發為旅遊景點，對外售票。

訪問團還遊覽了北京的紫禁城，也就是明清兩代的皇宮。紫禁城始建於一四〇六年，一四二〇年竣工。現在，紫禁城已經作為博物館對外開放，吸引著眾多的遊客去參觀。紫禁城的設計和建築風格體現了中國傳統的藝術特色，這是中華民族所獨有的風格。整個紫禁城面積達七十二萬平方米，共有約九千間房屋。據說，當工程完成後，永樂皇帝就從第一間屋子開始，每天住一間，依次輪換，花了二十四年的時間才住遍了所有的房間。在紫禁城竣工之後的四九一年間，先後有十四位明朝皇帝和十

位清朝皇帝在這裡居住。宮殿周圍建有護牆，高十米，全長三千四百二十八米。每天都有成千上萬遊客來這裡參觀，門票收入上繳國庫。

在中國訪問的十一天（一九九四年九月二十五日至十月六日）裡，我通過各種會見與座談獲得了許多有關中國社會的第一手材料。從這些材料中，我們可以形成粗略的印象，即中華民族與其他民族有很大的不同，他們仍然堅守著自己的文化。他們沒有被其他民族影響，或者說他們仍然堅持著自己的信仰和文化傳統，而不為外來文化所動。祖先傳承下來的文化是我們珍貴的寶藏，如何保持我們自己傳統文化的獨特性？中國社會的純粹性以及他們保流傳統文化的堅定性都是可供我們學習和模仿的榜樣，或者說，至少給我們提供了一個可資借鑑的例子。

我與文萊王后零距離接觸

潘正秀

（中國前駐文萊使館參贊）

我曾有幸在文萊工作和生活了近五個年頭，旖旎質樸的文萊風光、纖塵不染的城市街道、設計精美的民房、謙和有禮的人民，無不讓我折服。特別是同文萊王室的交往，更給我留下了難以磨滅的記憶。

尊嚴華貴，和藹可親

文萊是馬來穆斯林君主制國家，禮儀與習俗嚴格細緻。新任大使到文萊，向蘇丹陛下呈遞國書是頭等大事。作為新任大使夫人觀見王后，也是必不可少的。

一九九四年四月二十日，即我到達文萊後將近三個月的時候，接到文萊外交部通知，當日下午，文萊王后要在王宮接見我。得到這個消息，當時我是喜出望外。因為我一到文萊，使館就向文萊外交部遞交了我觀見王后與王妃的請求。兩三週後，外交部禮賓司通知我去見王妃，但見王后事遲遲未獲答覆。

為此，我惴惴不安了兩三個月時間，因為我是先見了王妃，怕有冒犯文萊王室規矩之嫌，引起不悅。後來，我逐一詢問其他駐文萊大使夫人，她們到達後多久獲王后與王妃接見，是先見王后，還是王妃的？答覆不一，多數在一兩個月內能獲接見，而且一般是先見王后，後見王妃，但也有例外。某一與文萊關係密切的西方國家大使夫人告我，她抵達後一年才獲王后接見，她讓我放心，說不會有什麼特別原因。但我作為中國首任常駐文萊大使夫人，不能在正常期限內獲得王后接見，總覺得還是一件讓人鬧心的事。主管使館禮賓交際工作的同志知道我的心情，因此，他在得到通知後，馬上當作一個好消息告訴我。他在樓道裡吆喝：「潘參，王后要見您了！」

那天下午，文萊外交部禮賓司女官員哈里瑪小姐首先來到大使官邸，引領我一同前往王宮。王宮專為王后服務的禮賓官在樓下迎接，這位女士叫達丁‧羅斯娜，是出生於新加坡的華裔，她是文萊蘇丹特別顧問兼內政部長佩欣‧伊薩的夫人，在文萊部長夫人中排在最前面，也算是資歷最高的。一九九三年十一月文萊蘇丹訪華時，她與丈夫曾陪同訪華。當時，我丈夫已內定出任中國駐文萊大使，我們同時從印尼調回，參加接待蘇丹訪華。我與達丁‧羅斯娜那時便認識了，並成為朋友。當時，她告訴我她在王宮主管王后有關的禮儀工作，我到文萊後必不可少地要覲見王后，她會在王宮迎接我。

因此，我一見到她就很高興，感到見王后這件事鐵
定了。她領我上電梯，先安排在電梯出口處的一組
沙發上休息片刻，然後進入王后會客廳。我老遠就
看見王后已站在那裡等候。

　　王后濃眉大眼、白皙豐潤，身著一襲製作極其
精美的馬來衣裙，顯得體態窈窕。衣裙的前襟、袖
口與下襬處均點綴著各色珍珠寶石，與她頸項、手
腕與手指上所佩戴的各式首飾相映生輝，隨著她抬
手投足而七彩交錯、閃光奪目。我頓時感到這位王
后的確是尊嚴與華貴的象徵，加上周圍侍從濟濟，
更是威儀襲人。

　　儘管為這次會見我準備已久，但此情此景使我

心情還是有點緊張，我心裡默默在想：「這裡可出不得差錯！」我自我鎮靜一番後，往前走了幾步，根據當地習俗，稍加停留，再走到王后面前與她握手，並用我在印尼工作時學的幾句簡單的印尼語（與馬來語基本相通），首先向王后打了個招呼：「王后陛下，午安！」王后聽了，十分驚喜地問：「噢！你還會說馬來語？！」我又用印尼語答：「僅僅一點點。」氣氛頓時活躍了，我與王后之間的距離拉近了，我緊張的心情也大大舒緩下來。

我坐定後，王室兩名侍從開始招待茶點。我注意到，他們一舉一動都有極其嚴格的招式。她們兩手捧托盤，兩腳平行緩慢前進，目光向下，首先走到王后面前站定，待王后點頭後，再向前走一步，一條腿膝蓋著地，另一條腿成直角形跪在王后面前，按照其旨意把幾種點心一一夾送到王后的食盤裡，再欠身貓腰走到我面前重複一遍。上完點心後，兩名侍從起身，先後退三步，轉身去取茶水和咖啡，再按上述程序向王后與我分送。我第一次接受別人跪地為我服務，還真是受之不安呢！儘管王后幾次盛情地說：「請！請！自己來！」我無心品嚐點心，只是喝了一杯茶，當時我還是想利用這個機會與王后多交談一會兒。王后首先問我到文萊多久了，我說快三個月了。王后一聽，情不自禁地說：「哎呀！我這麼晚才見你，真抱歉。」我一聽很不好意思，馬上應答：「王后陛下應酬繁忙，能在百忙中見我，是我最大的榮幸。」這時我想，王

后見我較晚，沒準是手下人沒及時告訴她，中國大使夫人要求覲見。

在半個小時的交談中，我與王后談了不少內容。王后問到我的經歷、家庭、中國情況和對文萊印象，當問起我的家鄉時，我順便向王后簡單介紹了西元一四〇八年浡泥（即今日文萊）國王麻那惹加那乃率一百五十人代表團訪問中國，後客死在當時中國明朝的京都南京，並安葬於南京南郊的史話。我告訴王后，我就出生在那個地區。王后對我說的這一情況很感興趣，看來，她並不知道這段歷史。

在會見結束前，我向王后贈送禮品，王后伸手在禮品盒上觸摸了一下，然後我再放到王宮禮賓官雙手捧托的御盤內。到此，覲見就算結束，我向王后告辭，並再次感謝王后撥冗接見。通過這次覲見，我發現王后不僅儀態端莊、雍容華貴，而且笑容可掬、和藹可親、平易近人。我心中遲遲未獲接見的疑團徹底化解了，同時，我也感到由衷的喜悅，因為這畢竟是我到文萊後作為大使夫人的一場重要拜會活動。

彬彬有禮，平等待人

為王后祝壽和為蘇丹祝壽一樣是文萊一年中的大事，前後要持續個把月。王后生日是十月七日，各國駐文萊大使夫人當日下午都要到奴魯爾‧伊曼

宮祝壽。文萊各婦女組織競相為王后舉行祝壽誦經會和晚宴，贈送生日禮品。

　　我在文萊的四年多里，雖然每年都有為王后祝壽的活動，但我只參加過一次。因為大使和我都是安排在國慶節後回國休假述職，在國內要呆一個半月左右時間，再回到文萊一般都是十一月中旬了，無法參加王后慶祝生日的活動。一九九七年七月，我們在文萊舉行了慶祝香港回歸活動，從工作安排考慮，這之後回國休假比較合適。因此，這年十月我們在文萊度過，我不僅有機會參加為王后祝壽的有關活動，而且因為我是使團長（在該國任期最長的大使）夫人，還得親自張羅一些活動的事。

　　首先組織在文萊的各國大使夫人為王后祝壽，

就有不少工作要做。這是我駐外多年第一次碰到。我要向文萊外交部禮賓司提出各國大使夫人到王宮向王后祝壽的請求，遞交參加人員的名單，訂購贈送王后的花束，到特別為皇家服務的糕點店訂製一塊特大的蛋糕，準備一份厚重的禮品（我在國內買的絲綢），通知各國大使夫人當日的集合地點和注意事項，組織演練朗誦祝壽辭和唱「祝你生日快樂」的歌曲。

　　文萊外交部主管禮賓工作的女官員當日前來引領我的坐車前行，其他國家大使夫人的車依序排列，浩浩蕩蕩有二十多輛。街上臣民看到這樣的車隊，一般都要停步注目觀看。當日中午二點十五分，我們準時到達王宮，王后已站在那裡等候。作為使團長夫人，我走在最前面，也站在最前面。我首先代表全體大使夫人把一個花束獻給王后，祝王后健康長壽、生日快樂。我雙手托送一塊中國絲綢給王后。王后用手輕輕觸摸一下，就交給旁邊的禮賓官了。然後，各國大使夫人按照我事先宣布的禮賓順序與王后握手後，井然有序地分別在王后的兩側落座。

　　即將離任的馬來西亞大使夫人與我分別坐在王后的左、右側。我們坐定後，王后首先問我：「你到文萊幾年了？」我說：「陛下，我到文萊四年多了。」我順便解釋了一下我前幾年沒參加為王后祝壽活動的原因，並說我們在文萊的任期不會太久了，因此，今年我和我的丈夫調整了我們的休假時

文萊王后陛下與潘正
秀參贊合影留念。

間，這樣我就有機會來為王后陛下祝壽。王后說：
「哦！你前幾年沒來，我倒沒注意到。」我又指著
馬來西亞大使夫人說：「我們坐得離陛下近了，就
意味著我們要遠離陛下了，而那些坐得離陛下稍遠
的大使夫人，她們還將幸運地在文萊生活幾年。」
王后聽了我的話，高興地笑了起來。她聽出我的話
顯然是對文萊的讚揚，因此，她喜形於色地問道：

「你在文萊還能待多久？」我說：「我想今年內我應該要離開文萊了。」王后又問：「不會再長了嗎？」我說：「就個人來說，我願意再待四年，但那是絕對不可能的。」我與王后的對話引起閹堂大笑。王后盯著我又問了一聲：「你是很喜歡文萊咯？」我痛快地回答：「我鍾愛文萊的文化傳統，我熱愛文萊的民風民俗，我喜愛文萊的旖旎風光。」

我喜歡用一些排比句表達我的心情。王后對我的回答很滿意，她轉過身笑盈盈地對其他大使夫人說：「看來，中國大使夫人有一定的文化底蘊。」王后很愛運動，我們的交談又轉到運動上。她一一問了我們喜愛什麼運動。我回答說，僅僅是散步而已。王后總是很隨和，她說，散步就很好，簡單易行。會客廳內，你一言我一語，氣氛十分活躍。正當王后興致很高時，我問王后：「陛下，我們駐文萊的各國大使夫人為陛下準備了一些特別的祝福，我現在是否可以請菲律賓大使夫人帶領我們一起向陛下祝壽？」王后高興地說：「請！請！」這時，菲律賓大使夫人站起來向王后說：「陛下，請恩准我現在帶領駐文各國大使夫人為陛下祝壽。」然後全體大使夫人起立，一起朗誦了菲律賓大使夫人準備的祝壽辭，並唱了「祝你生日快樂」的英文歌曲。

在大使夫人中有幾位新來的，有的也即將離任，我理解大家都想與王后照一張集體相，但沒有人敢提出。因為我坐得離王后最近，在祝壽即將結束前，我感謝王后接受我們駐文萊大使夫人的生日

祝福，並小聲向王后試探，不知能否與王后陛下照一張集體相作為留念。王后很痛快地先用英語說「可以」。因為王后接見我們的地方呈狹長形，不大好照集體相，所以王后又用馬來語問：「Di mana bagus？（在哪兒照好？）」我立即用英語向其他大使夫人重複一遍：「Where is the best place to take the photo？」王后驚奇地說：「哦，你懂不少馬來語了！」聽了王后的誇讚，我打心眼裡高興。

過了片刻，王宮禮賓官出來把王后與我們一起請到覲見廳外面一組沙發處，我們有的坐著，有的站著，有的蹲著，還有的席地而坐，與王后照了一張很好的集體照。有的大使夫人來了幾年了，都沒有這樣的機會。王宮有這種活動時，一般都有攝影師，但大家都拿不到照片。這次我出主意，徵得王宮同意，自己帶了個攝影師，照片洗印好後，一一分發寄到各國大使官邸。夫人們收到照片都很高興，紛紛回信感謝我的周到安排。

盛裝獻花，亦喜亦樂

此外，我們還參加了一些婦女組織的祝壽活動。在文萊國際婦女俱樂部為王后舉行的祝壽晚宴上，我作為該俱樂部榮譽會員代表，向王后獻了鮮花。王后一看見我馬上說：「謝謝你的兩束鮮花。」我頓時一愣，反應不過來，哪來的兩束鮮花？後來一想，王后顯然把前幾天在王宮我作為使團長夫人

獻的那束花算在一起了。說起這後一次獻花，真讓我記憶深刻。那天的活動要求各國大使夫人穿民族服裝，本來，我的旗袍不少，除了一年一度的國慶招待會，平時我不大穿。既然要求穿民族服裝，我就穿旗袍吧！但穿起旗袍，領子與腰間都比較緊，感到不大舒適。俱樂部讓我和其他十多位委員提前站在王后來時的入口處等候，我雙手捧著那束鮮花，嚴陣以待。文萊人準備的花束都是名貴花卉，確切地說，是個花桶，扎得實實在在，分量很沉。而且，文萊獻花與中國獻花的做法也不一樣，中國一般讓兒童和少女獻花，而文萊往往把獻花當作一項榮譽，讓某人獻花。

潘正秀任使團長夫人期間，帶領各國駐文萊大使夫人到王宮為王后（帶黃頭巾者）祝壽。圖為覲見結束後，王后與各國大使夫人合影留念。

中國和文萊 的·故·事 ┃ 072

我倒是要感謝文萊國際婦女俱樂部給我這項榮譽，但這個花束，對我這麼大年紀的人來說實在是太重了。我又沒想到，在門口一站就是四十五分鐘。可想而知，我穿著緊身的旗袍，捧著重重的花束，腳蹬一雙高跟鞋，筆直地站立將近一個小時，實在是疲憊不堪。由此我想到，現在提倡外交官年輕化，我舉雙手贊成。外交官是個累活也是個細活，沒有一定的精力和能力是不行的。

　　那晚的活動還有很多歌舞表演，一直持續到夜裡十一點半，我看王后都一臉倦意，但還是很耐心地坐在那裡，直到最後很有禮貌地與俱樂部成員及全體演職人員一一握手，祝賀演出成功。出於禮貌，最後我與王后寒暄了一番：「很晚了，陛下一定很累了。」王后很謙和地回答：「薩瑪，薩瑪（彼此，彼此，你也累）。」

　　據說，事後主管王宮禮儀的女官員向該俱樂部提出了意見，認為該場活動組織得不太理想，有的西方化的節目不該在那種場合演。不過，文萊王室人員給人的感覺是，在任何場合，即使對某場活動不太滿意，也從不表露出來，更不在公共場合訓斥下屬。這一點，與其他國家的君主和中國古代的帝王將相還是不大一樣。

南京：中文友好歷史交匯的見證

孫　辰

（南京市雨花台區文化局副局長）

　　由於歷史的原因，南京在中國與文萊的交往史上有著重要地位。在明代成祖年間，文萊古淳泥國王訪問中國，不幸染上重病，去世後葬在南京。自一九九一年中文建交以來，由於淳泥國王墓的紐帶作用，南京市與文萊人員交流頻繁，繼續譜寫著兩國友好交往的歷史。

大公主拜謁王墓

　　二〇〇六年四月六日，美麗的南京城迎來了文萊蘇丹陛下長妹、外交與貿易部無任所大使瑪斯娜公主。公主殿下夫婦一行十四人在南京市副市長許慧玲和中國首任常駐文萊大使劉新生等陪同下，拜謁了位於雨花台區的古淳泥國王墓，並為「中國─文萊友誼館」揭牌，拉開了中國與文萊正式建交十五週年紀念活動的序幕。

　　上午九點多，和煦的春風吹過南京南郊的青山綠水，瑪斯娜公主夫婦乘一輛超長奔馳車來到雨花台區鐵心橋鎮安德門外石子崗南麓的古淳泥國王

墓。公主殿下身著海藍色綢裙與黑色外套，頭裹藍色印花的絲綢頭巾，在許慧玲副市長的陪同下開始拜謁行程。文萊公主為何專程來寧參觀浡泥國王墓呢？這裡還有一段蕩氣迴腸的歷史故事。古浡泥國也就是今天的文萊達魯薩蘭國，早在二千二百多年前的西漢時期，中文兩國就開始了友好交往。明朝時，三寶太監鄭和率龐大的船隊七下西洋，更是將兩國關係推向了鼎盛時期。年輕的浡泥國王麻那惹加那乃非常嚮往博大精深的中華文明，遂於明永樂六年（1408 年）攜王后、王子等一行一百五十多人，隨鄭和船隊來中國訪問，受到明成祖朱棣的盛情款待。不幸的是，他僅在中華大地遊覽月餘，便因染重病而逝於南京，年僅二十八歲。明成祖遵其希望「體魄托葬中華」之遺願，以很高的禮節埋葬了這位異邦君主。斗轉星移，歲月更替，浡泥國王墓曾一度在歷史中緲不可尋，直至一九五八年五月，人們才重新發現了佚名已久、一直被當地人稱為「回回墳」的浡泥國王墓。此後，浡泥國王墓受到了各級政府的精心呵護，也成為我國現存僅有的兩處外國帝王墓之一。如今，瑪斯娜公主專程拜謁的浡泥國王墓已經專門修繕，再現了昔日的尊貴與輝煌。

　　沿著悠長的山道前行，兩邊是鬱鬱蔥蔥的樹木，山坡上開著一些不知名的白色野花，微風吹過輕輕搖擺著，像是在歡迎遠道而來的客人。在山道拐彎處，有一處碑亭，翻譯向公主介紹，這裡矗立

著的就是浡泥國王墓的墓碑，上面記載著當時國王來訪、生病、逝世以及明成祖如何厚葬國王的詳細經過。這塊墓碑經歷了近六百年的風雨，如今已經斷裂殘破，上面刻寫的碑文也已模糊不清。瑪斯娜公主凝望墓碑，輕輕撫摸著龜趺，久久不願離開。

從碑亭出來，就進了神道。神道由青石磚鋪成，兩旁還排列著不同的石刻。翻譯特別向瑪斯娜公主介紹：「這兩邊站立的石刻有石馬、石馬伕、石羊、石虎、武夫，一共有五組，按照中國古代的傳統，這種神道只有『王』才能享受！」走過神道，浡泥國王的墓冢就在眼前，但瑪斯娜公主的腳步卻放慢了。走上台階，眼前是一個方形的墓地，墓碑上清楚地刻著「古浡泥國王之墓」。就在瑪斯娜公主端詳之時，許慧玲副市長介紹說：「這個墓碑上方刻有兩條龍，在中國，龍是帝王的象徵。」站在墓碑前，瑪斯娜公主夫婦以及隨員們都不約而同微微低下頭，他們把雙手交疊、掌心向上放在腹前，嘴裡輕聲唸著馬來文，神情安詳。翻譯說，同中國傳統的磕頭不同，這是文萊特殊的拜謁方式，為逝去的人祈禱。

在以文萊特有的禮儀對墓中逝去六百年的先王表示了悼念後，公主深有感慨地說：「古代的中國人對不同客人都能放開懷抱，正是這種開放的態度，點燃了我的先輩們的想像力，讓他們不畏艱難去尋找蘊藏在那遙遠陸地上的知識……這座墓的歷史也是兩國友誼的見證。」

友誼館展現歷史

　　瑪斯娜公主此行的另一個重要目的，就是為「中國—文萊友誼館」揭牌，它距淖泥國王墓僅百步之遙。在文萊民歌聲中，泉水、棕櫚環繞的友誼館散發出特有的異域風情。在「中國—文萊友誼館」開館儀式上，瑪斯娜公主殿下與許慧玲共同為友誼館揭牌，並在開館儀式上致辭。她首先對友誼館開館表示祝賀，並深情回憶了中國、文萊兩國之間源遠流長的友誼。她說，南京這座城市是我們擁有共同過去的偉大見證，淖泥國王墓已經有將近六百年的歷史，幾乎和文萊王朝的歷史持平，這也是我們自身歷史的一部分。感謝南京市政府和人民在過去的這些年裡對淖泥國王墓這一遺跡所給予的關心和極大關注，感謝南京主動保留和美化這片區域，建成「文萊風情園」。許慧玲在致詞中說，建成後的「文萊風情園」主題公園，將同淖泥國王墓魂魄相依，成為中文兩國人民的又一個友好見證，遺澤後世。

　　淖泥國王墓和友誼館是當時正在建設的文萊風情園的重要組成部分。友誼館分為三個主題展示區：

　　第一部分：源遠流長的兩國友誼。早自西漢始，兩國商人便以商品交換。梁代交往日漸頻繁。唐和宋元時，往來更加密切。明代，中國與文萊友好交往達到鼎盛時期。明永樂六年（1408 年）八月，淖泥國王親率友好使團造訪明王朝，成為中文

友好交往史上的佳話。

　　第二部分：和睦相處的友好鄰邦。自一九九一年九月建交以來，兩國關係全面發展，政治互信不斷增強，各領域合作成效顯著，人員往來日益密切，在國際和地區事務中保持著良好的協調和配合。兩國睦鄰友好合作關係成為大小國家平等相待、互利合作、和諧共處的典範。

　　第三部分：絢麗多彩的文萊風情。文萊是一個信奉伊斯蘭教的國家，人民嚴守教規，崇尚禮儀。文萊人多為馬來族，熱情好客，其風土人情有著濃郁的部族與鄉村色彩。境內風光秀麗，物產豐富，人民謙和，社會安定，被譽為「和平之邦」和「世外桃源」。

二〇〇六年四月六日，瑪斯娜公主殿下（左）和南京市副市長許慧玲為「中國—文萊友誼館」揭幕。

為了形象展示文萊的民俗風情，文萊國家博物館當年特派兩名高級館員送來了二十八件禮物。瑪斯娜公主這次還帶來了兩件相當貴重的禮物，一件是叫作「永薩拉特」的金絲織錦，只有在皇室、國家慶典以及婚禮上才能穿戴；另一件禮物是一套銀製樂器，包括編鐘、鑼等。瑪斯娜公主在參觀了該館的陳列之後，興致勃勃地在留言簿上題詞：「友誼館是中文兩國友誼的象徵。」

風情園設計獨特

　　二○○一年，浡泥國王墓被定為國家重點文物保護單位。投資近一千萬元的浡泥國王墓一期修復工程，已完成了對遷碑亭、牌坊、墓冢、神道等文物古蹟的保護性修復；按照規劃，第二期將在墓園內建成一處具有濃郁文萊地域特色和人文景觀的文萊風情園。

　　文萊風情園是以浡泥國王墓為依託建設的，占地面積十一點五畝，投資總額二千三百萬元人民幣。文萊風情園一期項目包括文萊水苑、藝術展示、會議廳、清真餐館及相關配套設施，成為集觀光旅遊、娛樂為一體的綜合性休閒場所。二○○七年十月，文萊風情園一期環境整治工程正式竣工並免費對外開放。從遠處看，整個風情園建築清秀典雅，疏落有致。

　　在綠化方面，最大的亮點是在風情園主入口處

「中國一文萊友誼館」
外景

位置，通過園林設計體現了兩種文化的交流。首先
是將南京市的市花梅花、市樹雪松種植在這裡，同
時還用綠色植物做了一個「新月」，以體現伊斯蘭
教的文化思想。為了讓風情園一年四季有綠可賞，
樹種是根據春、夏、秋、冬四個季節來規劃種植
的，如春天的春鵑、海棠、蘭花；秋天的桂花、菊
花；冬天的臘梅、果樹林（如枇杷、柿子類）；夏
天以綠色類植物為主。

　　二〇〇八年十月二十三日上午，瑪斯娜公主一
行再次來寧參訪，為新建成開放的文萊風情園揭
幕。公主此行的最大「行李」，是專門空運來的捐
贈給風情園的三幅油畫。「這三幅畫跨越了半個太
平洋，它們的作者是馬爾斯蒂·奧馬爾，他曾多次
在文萊國內外的畫展中獲得大獎。我希望這三幅畫

能增加人們對文萊的了解！」在三幅一米多長的畫作前，瑪斯娜公主興致勃勃地向來賓和觀眾一一介紹說：「第一幅畫表現的是奧瑪爾‧阿里‧賽福鼎清真寺，我們文萊是一個伊斯蘭國家，清真寺隨處可見；這幅是文萊的街景，你們可以看到，我們的城市很休閒，街上的人和車不是太多；第三幅表現的是烏魯‧博拉隆小鎮的雨林景象，非常安靜和諧！」她說：「我要用這三幅畫向南京人民致謝！」

此次南京之行最令瑪斯娜公主開心的是，她又見到了具有文萊水村風貌的「文萊水苑」。兩年前，她應邀參加中國—文萊友誼館開館儀式。看到浡泥國王墓周邊環境整飭一新，友誼館的建築風格和內部陳設也頗具文萊風情，感到很高興，不過也留下了小小的遺憾——整個景區沒有水景，而水村風貌正是文萊風情的重要亮點。為了彌補這一缺憾，瑪斯娜公主建議在館前建設「文萊水苑」，並為水苑建設捐贈了一百八十萬元。

看到面積近千平方米，四周被草坪和景觀樹環繞，景色清幽的文萊水苑，公主十分高興，與同來參觀的夫婿繞水苑漫步一圈，連稱「OK」，並表示這裡將成為一個適合市民休閒的好地方。她在為新建成的「文萊風情園」揭幕的致詞中說：「兩年前我第一次到南京，南京人民的熱情友好給我留下了深刻印象。今天風情園的開放，將成為文萊和中國關係史上的一座里程碑！」她特意把「milestone」

（里程碑）一詞讀得很重、很慢。她希望整個景區
能在增進兩國人民互相了解和溝通方面發揮積極作
用。

合作篇

中國企業助力經濟合作

劉新生

中國前駐文萊大使

　　文萊原是一個貧窮落後的國家，是石油和天然氣幫助她擺脫了貧困，並從上世紀七〇年代起迅速發展，進入世界富裕國家的行列。但油氣並非再生資源。面對這一形勢，文政府未雨綢繆，決定發展多元化經濟，減少對石油天然氣的過分依賴，以確保國民經濟全面發展，國家持續繁榮。文萊政府一九九一年開始執行的第六個五年計畫，決定將重點放在基礎設施建設和人力資源開發上，同時鼓勵私營企業的發展，為發展外向型工業奠定基礎。

　　在此背景下，文萊布特拉私人有限公司與印尼財源帝集團簽訂了合資建水泥廠的協議。該水泥廠是文萊政府迄今批准的最大合資工程項目，也是文萊的第一個水泥廠，投資金額約為四千萬美元，文萊布特拉私人有限公司和印尼財源帝集團各占一半股份。財源帝集團主席是印尼號稱「木材大王」的著名華商黃雙安先生，我在印尼工作時就與他相識。一九九三年九月底，當他得知我要從印尼離任後，與夫人白嘉莉女士專門為我們夫婦舉行了歡送晚宴。宴會上，他提到要在文萊合資建一水泥廠，準備請中國方面設計施工，並說十月二日他們夫婦

要乘私人專機到文萊出席蘇丹的宴請。由於當時我被提名出任中國駐文萊大使之事尚未獲文萊政府答覆，還不能對外公開，因此我只是說，我可能要到一個鄰近的國家任職，希望以後我們保持聯繫。我回國後不久，黃先生從文萊打電話到我家中，當晚我正好出席一個活動不在家，於是他深夜再次打電話給我，說他在文萊聽說我要去當大使，他很高興並希望我到任後對這個水泥廠的建設多加關照。我當即表示，我會盡力而為。

一九九四年三月二十九日，「布特拉—財源帝水泥廠」經過近三年籌備，在靠近文萊穆阿拉港、傍倚南海之濱一塊占地六英畝的土地上舉行了奠基儀式。文萊工業與初級資源部長拉赫曼因病未能出席，由該部常秘阿赫末代表宣讀了他的講話，布特拉—財源帝水泥公司副董事經理魯比安托在奠基儀式上致辭。我與印尼駐文萊大使布爾先生同時被邀請出席了奠基儀式，並發表講話。我在印尼工作時同布爾大使就很熟悉，此次又在文萊相見，格外親切。布爾大使建議我，既然你會說印尼語，你就用馬來語（與印尼語相近）講，文萊人會很歡迎的。我接受了他的建議，和他一樣用馬來語講話。印尼大使講馬來語在當地不足為奇，因為文萊與印尼是同語言、同民族、同宗教的國家。但中國大使也用馬來語講話，人們似乎感到有點不可思議。這是我到任後第一次用馬來語公開發表講話。中國大使會講馬來語這個消息在文萊這樣一個小地方很快傳

開。以後，我在一些場合見到一些文萊朋友，他們
會主動走上來對我說，聽說你會說馬來語。我問他
們怎麼知道我會說馬來語？有的說，在水泥廠開工
儀式上聽到我的講話；有的說，聽人家說的。總
之，文萊人對外國人會說他們的語言是很高興的，
而且只要知道你會說他們的語言，他們馬上就與你
親近起來。

　　次日，文萊報紙在刊登工業與初級資源部長講
話的同時，也全文登載了我的講話。我在講話中回
顧了中國與東盟國家關係的發展，重申同東盟國家
建立和發展長期穩定的睦鄰友好關係是中國獨立自
主和平外交政策的重要方面。近年來，中國同東盟

劉新生大使用馬來語
在文萊與印尼財源帝
集團合建的水泥廠開
工典禮儀式上致辭。

國家在政治、經濟、科技、文化等領域的友好合作進入了全面發展的新時期。中國和東盟國家的友好合作關係不僅符合中國與東盟國家人民的利益，而且有利於亞太地區的和平、穩定與繁榮。在談到中國與文萊關係時，我說，中國與文萊兩國人民在歷史上和睦相處、友好交往，有著悠久的傳統友誼，中國人民對文萊人民懷有深厚的感情，中國政府重視發展與文萊的關係。現在，兩國不僅正式建立了外交關係，而且互設了使館，這為兩國發展各個領域的合作創造了極為有利的條件。我對中國天津水泥工業設計研究院能夠參與布特拉—財源帝水泥廠工程的設計與施工感到高興，衷心祝願並完全相信此項工程在各方的大力支持和協助下能夠順利建成，早日投產。

天津水泥工業設計研究院是我國最大的水泥設計研究院之一，國內百分之六十的水泥廠都是出自他們之手。他們已先後完成了國內外兩百多個廠的設計和施工任務。工程上馬後，天津水泥工業設計研究院派出了年輕而又精明強幹的副院長張恪和精通水泥業務的高級工程師段希聖等精兵強將組成領導班子，兩百餘名工程技術人員分別從中國唐山、濟南、杭州、揚州等地先後來到文萊，在「和平之邦」的土地上興建該國有史以來第一個水泥廠，這也是我國在文萊承包的第一個勞務項目。使館從一開始就十分重視這個工程的各項工作，我曾明確向天津水泥工業設計研究院提出，要著眼於兩國關係

的大局，為兩國經貿與勞務合作建立一個良好的開
端，一定要保質保量建好水泥廠，切勿從單純贏利
觀點出發，偷工減料，粗製濫造，從而影響中國建
築工程公司的名聲。我們還要求承建施工單位精心
挑選工程技術人員，要求到文萊工作的各類人員遵
守文萊法律及合資公司的有關規定與勞動紀律，保
證工期，完成任務。該廠原定在十八個月內建成，
但因中國工程技術人員均為首次進入文萊，在辦理
入境簽證時屢屢遇到麻煩，使整個工程計劃被延誤
半年時間。為搶回失去的工期，全體工程技術人員
克服天氣炎熱等困難，按照工程設計和計劃進度起
早貪黑，加班加點，不少人在炎炎烈日下曬脫了幾
次皮。經過將近一年的艱苦奮戰，在保證質量的前

劉新生大使夫婦與黃
雙安、白嘉莉夫婦合影

提下，按期完成了施工任務。中國工程技術人員的工作態度及工程質量受到文萊人民的稱頌。即便這些工程技術人員早已完成任務回國，但文萊人一提起該水泥廠，都說：是中國人建的。

這個水泥廠是天津水泥工業設計研究院繼馬來西亞和巴基斯坦之後承建的第四個大型海外工程，設計能力為年產四十萬噸水泥，工程設計標準達到八〇年代國際先進水平。這座現代化水泥廠全部採用電腦技術管理，只要十來名人員操作，就可完成整個工廠的全部工序。宏偉的水泥廠屹立在穆阿拉港色拉沙工業區，是該工業區內迄今最大的企業。一九九五年十一月，在文萊主辦的東盟東部成長區首屆博覽會的四百個攤位中，有一個布特拉—財源帝水泥廠的攤位，宣傳剛剛竣工的水泥廠。這個攤位突出展示了由中國天津水泥工業設計研究院承建的水泥廠的模型，格外引人注目。這個水泥廠既是中文友好合作的一座新的豐碑，也是文萊發展多元化經濟、積極推行區域經濟合作的一個窗口。一九九六年開始，文萊工業與初級資源部陸續組織一些駐文使節和文萊駐外使節參觀該水泥廠。這是文萊除石油天然氣工業外，唯一可供對外參觀的大型企業。

這一年產量四十萬噸的水泥廠的建成，不僅結束了文萊進口水泥的歷史，為該國正在勃勃興起的基礎設施建設提供了充足的優質水泥，而且使文萊開始向鄰近的新加坡和馬來西亞沙撈越等地區出口水泥。

共同打造中文友好合作的新平台

馬仕生

（《廣西經濟》雜誌社編審）

　　中國和文萊是隔海相望的友好鄰邦。建交以來，兩國在相互信任和相互支持基礎上的睦鄰友好合作關係進入了全面發展時期。在兩國關係深入發展的大好形勢下，廣西與文萊交流合作也進入了加快發展的新階段。

經濟走廊，穩步推進

　　當今世界，區域的共同性在增強，共同利益在增加。區域合作是當今世界的潮流，是時代發展的主旋律。為促進同文萊等海上東盟國家的合作，中國領導人倡議推進泛北部灣合作，得到了包括文萊蘇丹陛下在內的東盟相關國家領導人的高度評價和積極回應。二〇〇八年一月，中國政府又批准實施《廣西北部灣經濟區發展規劃》，明確要把廣西北部灣經濟區打造成為中國—東盟開放合作的物流基地、商貿基地、加工製造基地和信息交流中心，使之成為帶動、支撐中國西部大開發的戰略高地和開放度高、輻射力強、經濟繁榮、社會和諧、生態良

好的重要國際區域經濟合作區。泛北部灣合作的興起和廣西北部灣經濟區開放開發的快速推進，將為廣西與文萊進一步深化友好合作提供新的機制和平台，為各自發展贏得更多資源和空間。

二〇一四年九月十七日，在文萊工業與初級資源部長葉海亞和廣西壯族自治區主席陳武的共同見證下，《文萊—廣西經濟走廊經貿合作諒解備忘錄》在第十一屆中國—東盟博覽會專場簽約儀式上正式簽署，海上絲綢之路在中國和東盟之間又賦新篇。文萊—廣西經濟走廊旨在充分發揮文萊清真產品認證、資金充裕和連通廣大穆斯林市場的優勢，以及廣西自然和勞動力資源豐富，研發、製造、工藝技術先進等優勢，在農業、工業、物流、清真食品加工、醫療保健、製藥、生物醫藥、旅遊等領域開展全面合作。二〇一五年三月三十日，廣西壯族自治區黨委書記、自治區人大常委會主任彭清華率廣西代表團訪問文萊，其間，分別會見了文萊蘇丹哈桑納爾、王儲阿爾穆塔迪·比拉，與文萊工業與初級資源部長葉海亞會談，並出席文萊—廣西經濟走廊座談會，就加快推進文萊—廣西經濟走廊建設與文萊各界深入交流，達成多項重要共識。

在與葉海亞部長舉行工作會談和出席文萊—廣西經濟走廊座談會時，彭清華指出，建設文萊—廣西經濟走廊是實施「一帶一路」戰略構想的重要舉措，符合廣西與文萊的共同利益，可謂有需要、有條件、有前景，將會有力促進廣西成熟的製造技

二〇〇七年十月二十八日，第四屆中國—東盟博覽會在廣西南寧市開幕，圖為文萊王儲比拉在開幕式上致辭。（供圖：中新社）

術、豐富的土地和勞動力資源與文萊美譽度極高的清真認證和清真品牌相結合，成為打開穆斯林市場的「金鑰匙」，為文萊和廣西帶來重大利好。廣西將切實履行雙方達成的合作共識，積極參與和推動經濟走廊建設。建議雙方按照達成的合作共識，務實推進「一港兩園三種養」（即推動北部灣國際港務集團參與文萊穆阿拉港運營，建設南寧文萊農業產業園和玉林文萊中醫藥健康產業園，並在文萊進行漁業、生蠔養殖和水稻種植）等重點合作項目，共同推動文萊—廣西經濟走廊成為中國—東盟合作創新示範項目，將經濟走廊建設成為中國、文萊合作的新亮點。葉海亞表示，文方高度重視發展與廣西的友好合作關係，十分看好廣西在「一帶一路」建設中的重要樞紐作用，對經濟走廊建設的先期進展感到滿意，並將共同促成經濟走廊重點項目向前推進，期待經濟走廊建設收穫豐碩果實。

目前，廣西南寧市以文萊—廣西經濟走廊合作

為契機，規劃建設中國—文萊農業產業園，搭建中國與東盟農業領域務實合作的新平台。該農業產業園位於南寧市西北部的西鄉塘區雙定鎮，計劃用地三萬畝，以清真食品園、農產品深加工園、科技研發園、農業觀光園、生態健康園和公共服務中心為主要建設內容，預計總投資七十億美元。西鄉塘區是南寧的農業大區，有發展現代農業自然資源豐富、農村土地流轉工作效率高和科教支撐產業發展後勁足等優勢。中國—文萊農業產業園項目的落戶，市場前景看好。如今，南寧市正積極開展項目推進工作，已完成產業園區規劃設計有關招標工作等。此外，前幾年，由廣西企業在文萊實施的「中文合作研發水稻試驗示範項目」和「文萊鳴銘農業產業園」項目初獲成功，試種的十個水稻品種平均每公頃乾穀產量六點八六噸，大大高於其他國家在文萊種植水稻的產量。

產能合作，潛力巨大

多年來，文萊一直將石油和天然氣出口作為國家經濟支柱，但隨著近年來國際油氣價格暴跌以及本國油氣儲量逐漸減少，文萊政府希望擺脫依賴油氣的單一經濟模式，實現經濟多元化，而中國「一帶一路」框架下的產能合作給文萊帶來了新的發展契機，兩國產能合作潛力巨大。

文萊政府十年前制定了「二〇三五宏願」藍

圖，其主要目的就是推動經濟多元化發展戰略，在延伸油氣產業鏈的同時，努力發展進口替代型和出口加工型工業以及農業、漁業、旅遊、金融、信息服務等產業。中國提出的「一帶一路」倡議正好符合這一藍圖的目標。因此，文萊政府積極回應「一帶一路」倡議，加入亞洲基礎設施投資銀行（亞投行）並成為創始成員國，希望借此機會搭上「一帶一路」建設的順風車，帶動文萊經濟向多元化發展。

近年來，中文兩國經貿合作快速發展。二〇一〇至二〇一四年，雙邊貿易額接近翻倍；中國在文萊承包工程業務開始起步，完成營業額超過二億美元；中國對文直接投資勢頭迅猛，華為、同仁堂、恆逸集團等企業陸續紮根文萊市場；兩國還積極開

二〇一五年九月十八日，《文萊達魯薩蘭國政府、廣西北部灣國際港務集團合作意向書》簽字儀式在南寧舉行。（供圖：中新社）

展人力資源合作，中國援外志願者在文萊受到廣泛讚譽；同時，「文萊─廣西經濟走廊」已具雛形，兩國經貿和產能合作已初具規模。

為了彌補自身產能、原材料等方面的不足，文萊對於中國資金、技術、企業的進入持歡迎態度，有時甚至主動到中國招商引資，尋找合作夥伴。雙方開展產能合作，蘊藏著巨大潛力。

在國際產能合作方面，目前中國和文萊正在兩大領域展開合作。一是以恆逸石化項目為代表的石化產業。中國希望以恆逸石化項目入手，與文萊建立跨境經貿合作區。二是以「文萊─廣西經濟走廊」為代表的清真種植養殖業產能合作。一方面，

二〇一二年九月二十三日，正在南寧舉行的第九屆中國─東盟博覽會「魅力之城」展區，文萊藝人身著民族服裝在文萊風格的建築前載歌載舞。（供圖：中新社）

文萊的清真食品、藥品的產業標準比較嚴格，含金量較高，得到全球穆斯林的認可，但是文萊缺乏發展清真產業的原材料、技術和產能。因此，文萊到中國廣西設立農業產業園和中醫藥健康產業園，以滿足其清真產業發展的原材料需求。另一方面，中國企業到文萊進行水稻種植、生蠔養殖、水產養殖。這是將中國的資金、技術、產能帶到文萊，為文萊、中國乃至更廣泛的地區提供種植養殖產品。文萊自然環境優越，中國的種植養殖業產能能夠在文萊得到充分釋放，並可能由此輻射馬來西亞、菲律賓、印尼等國組成的東盟東部增長區。

由此可見，與中國的產能合作不僅能推動文萊自身發展，還將把文萊打造成東盟東部增長區生產、貿易、加工以及物流的中心，建立和帶動東盟東部增長區次區域的合作，實現雙贏和共贏。

互聯互通，前景可期

為了與「二十一世紀海上絲綢之路」對接，擺脫經濟對石油和天然氣出口的嚴重依賴，促進經濟實現多元化，文萊正在努力提高競爭力及經濟發展可持續性，積極尋求與中國加強港口合作，開闢海上互聯互通，加強海上合作開發，共建「二十一世紀海上絲綢之路」。

近年來，文萊政府大力鼓勵全球航運公司通過穆阿拉港進行貨物轉口貿易。目前，貨物轉口航運

公司可免費使用穆阿拉海港貨倉長達二十一天，同時享有貨櫃處理收費折扣及優先使用港口一切設施的特惠條件。文萊政府已擬定八項措施，以全力將穆阿拉港打造成為區域優良港口。有關的八項措施如下：（1）全力推動航運業發展；（2）打造世界級船運服務設施；（3）把穆阿拉港發展成為東盟東部經濟成長區的一個區域船運中心；（4）鼓勵直接船運服務，讓穆阿拉港與世界各主要港口接軌；（5）推動港運後勤服務；（6）鼓勵快艇載客業務；（7）發展貨品轉運服務；（8）推出更多港運服務來增加政府收益。

文萊工業與初級資源部長葉海亞曾多次表示，希望加強文萊和廣西的經濟聯繫。他說，文萊打算將廣西欽州港作為其進入中國市場的重要門戶，希望進一步探討和促進農業和漁業合作。「我們特別關注廣西，所以我們希望雙方都能從中獲得好處，以便全面提升文萊與中國的關係。」他說，文萊正在制定一個詳細的合作計畫，一旦雙方坐下來討論，可以把更多的想法補充進去。

二〇一五年在廣西出席第十屆中國—東盟博覽會期間，葉海亞部長專程訪問了廣西主要港口城市欽州，他說，「探索兩國港口之間任何可能的合作」是其訪問的目的之一。他表示還會再專程來欽州港考察，探討文萊穆阿拉深水港與廣西欽州港合作的可能性。他在一次國際食品與生物產業投資會議上說，文萊經濟和產品出口多元化已經到了刻不容緩

的地步。文萊今天的經濟嚴重依賴石油和天然氣，油氣行業占文萊全國生產總值（GDP）的 67%，占政府稅收的 90%，占出口的 96%，但就業僅占 5%。他強調，為了下一代，就要創造一個充滿活力和可持續發展的經濟模式。文萊政府希望借此將文萊與廣西，尤其是與欽州的商業和運輸合作關係提升到更高水準。穆阿拉港是文萊最大的港口，如果欽州港與穆阿拉港之間開通定期輪渡，文萊與中國的雙邊貿易和投資合作就可以加快。

總的來說，建設廣西—文萊經濟走廊，不僅有利於雙方實現優勢互補，共同拓展國際市場，提升傳統友好關係，創造長期和可持續增長，而且有利於文萊經濟多元化宏願的實現，進一步提升廣西對外開放的水平和經濟社會的全面發展，同時對打造中國—東盟自貿區升級版、共建「二十一世紀海上絲綢之路」將起到積極的推動作用。

打造「二十一世紀海上絲綢之路」上的明珠

——記中文合作建設文萊大摩拉島鍊油化工項目

閔永年

（中國前駐文萊大使）

習近平主席二〇一三年十月在印度尼西亞出席亞太經合組織（APEC）領導人非正式會議期間，提出共同建設「二十一世紀海上絲綢之路」的倡議。東盟國家在地理上處於海上絲綢之路的十字路口和必經之地，自然成為建設「二十一世紀海上絲綢之路」的首站。中國和東盟國家山水相連、比鄰而居，有著深厚的傳統友誼，共建「二十一世紀海上絲綢之路」符合雙方共同利益和共同要求。文萊是東盟成員國中人口最少、面積最小、與中國隔海相望的國家，也是我們共建「二十一世紀海上絲綢之路」的重要夥伴之一。文萊蘇丹哈桑納爾·博爾基亞在出席二〇一四年 APEC 工商領導人峰會前夕接受專訪時表示，海上通道對文萊和中國來說極為重要。中國提出的共建「二十一世紀海上絲綢之路」倡議與東盟所致力的互聯互通倡議相一致，必將增強雙方經濟聯繫和人民之間的交流溝通。

　　文萊位於加里曼丹島西北部，北臨南海，與我國湛江隔海相望，國土面積五千七百六十五平方公里，人口約四十萬，國教為伊斯蘭教。自一九八四年二月獨立以來，文萊政局穩定，經濟發展，社會和諧，被譽為「和平之邦」。文萊國家雖小，卻以油氣資源豐富聞名。文萊系東南亞第三大產油國、世界第四大天然氣出口國，其已探明的石油儲量為十四億桶，天然氣儲量三千二百億立方米。油氣產業是文萊的唯一經濟支柱，約占 GDP 的三分之二、財政收入來源的九成和外貿出口的 95% 以上。但是，對這樣一個產業單一的國家而言，要長期維持經濟持續發展，沒有近慮，必有遠憂。

　　文萊蘇丹不愧為一位富有遠見的開明君主。為擺脫以油氣為主的單一經濟束縛，蘇丹於二〇〇八年提出國家發展戰略規劃——「二〇三五宏願」，擬通過大力發展旅遊業、努力改善基礎設施、加快推進經濟多元化進程、積極拓展對外合作等，力爭在二〇三五年之前實現全國人民受教育程度達到國際水準、人民生活水平和質量位居世界前十名、人均收入躍居世界前十位的三大目標。

　　為此，文萊政府相繼出台了一系列優惠政策，吸引外來投資，鼓勵外商到文萊投資興業。在油氣能源領域，在確保油氣收入的同時，注重建設延伸

油氣產業鏈，爭取為國家經濟社會發展提供更多財政支持。這同我國當時積極尋找國外資源、拓展國外市場的戰略形成很好的互補。可惜的是，當時中國和文萊企業之間交往還不多，信息溝通也不夠及時和充分，還沒有很多中國企業意識到去文萊投資油氣行業的必要性。

外交官的使命——服務周邊安全穩定、服務國內經濟建設大局

我於二○一○年上半年至二○一二年奉命到文萊工作。遵循中央關於外交為國內國外兩個大局服務的基本方針，根據外交部和國內有關部門的指示，我在積極推動中文友好合作關係發展的同時，

恆逸（文萊）PMB 石化項目示意圖

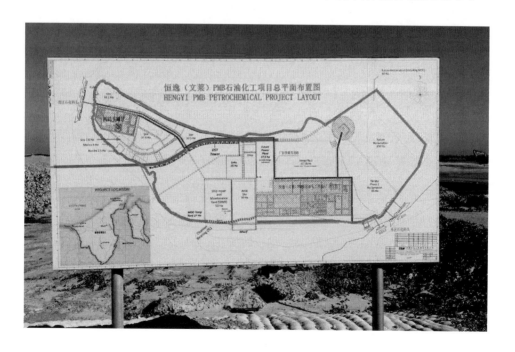

高度重視促進兩國經貿合作，鼓勵和支持中國企業解放思想，走進文萊投資興業。其中，浙江恆逸集團在文萊大摩拉島投資建設的石油化工項目給我留下了深刻印象。

大摩拉島項目是恆逸集團在文萊投資建設的煉油化工一體化項目，它以原油、凝析油為原料，計劃建成後年產 150 萬噸芳烴、262 萬噸汽油、117 萬噸航空煤油、174 萬噸柴油、48 萬噸苯和 8.4 萬噸硫黃。項目計畫於二〇一六年下半年開工建設，二〇一九年上半年建成投產，二〇二〇年可望實現產值五十五億美元，並可向文萊社會提供近千個工作崗位。

恆逸集團是中國從事化纖與化纖原料生產的大型現代化民營企業。作為國內 PTA 及化纖行業的龍頭企業，為擺脫主要原料 PX 和 MEG 長期依賴進口的困境，打通石化＋化纖產業鏈，就必須進入煉油化工行業。在國內資源和市場競爭異常激烈的情況下，為實現「做國際一流石化產業集團」、向產業鏈上游突破的願景，恆逸集團眼睛向外，積極尋找海外資源和市場。在調研過程中，恆逸集團了解到文萊政府發布的開發大摩拉島的招商引資的信息後，立即抓住機會，經過多方調研諮詢，最後下決心要投資六十億美元在大摩拉島建設煉油化工一體化項目，充分利用文萊的油氣資源，為企業自身持續發展和中國化纖工業打造一個新的原料供給和生產基地。文萊政府經濟發展局於二〇一〇年七月

三日宣布，文萊蘇丹批准中國浙江恆逸集團在文萊大摩拉島建設大型煉化廠項目的一期工程。一期工程投資約二十五億美元，將部分使用文萊的原油和凝析油生產汽油、柴油和航油（日加工能力約 13.5 萬桶，部分將供應文萊國內市場）以及紡織生產所需的化工原料——二甲苯（PX）和苯。如一期工程執行效果滿意，再經蘇丹批准，恆逸集團將增資三十五億美元用於煉化廠二期工程擴建，生產塑料製品的原料——烯烴。兩期投資將達六十億美元。煉化廠項目建設不僅將有力推動文萊能源業發展，創造更高的財政收入，還將創造二千個（一期 800 個，二期 1200 個）就業機會，帶動當地建築、航運、物流、倉儲以及培訓等行業的發展。

可以說，恆逸集團在當時到文萊考察油氣合作的中國企業中眼光是比較長遠的，作為一家有實力的民營企業，其決策也比較及時果斷。我和使館的同事們經認真研究後認為，這是一個值得肯定和支持的好項目，遂向國內有關部門及時報告情況並提出工作建議。我們根據國內指示，就大摩拉島項目同文萊有關部門反覆溝通協調，積極推進工作進程。

　　二〇一一年十一月，溫家寶總理在中文建交二十週年之際訪問文萊，兩國有關部門簽署了能源領域合作諒解備忘錄，雙方企業正式啟動油氣上下游產業合作。二〇一三年四月，文萊蘇丹來華進行國事訪問，雙方同意將中文關係提升為戰略合作關係。習近平主席強調，雙方要堅持優勢互補，加強油氣、石化、新能源等領域合作，中方鼓勵中國企業積極參與文萊基礎設施、農業等領域建設，支持文萊經濟多元化發展。文萊蘇丹表示，文方希望同中方加強能源、基礎設施建設、農業、漁業等領域合作，積極推進油氣、石化等項目，鼓勵兩國開展人文交流，推動兩國關係邁上新台階。這為進一步提升兩國經貿合作水平指明了方向，提供了動力。

　　在此大背景下，恆逸集團在文萊大摩拉島的投資合作項目得到中國和文萊兩國政府及有關部門的高度關注和積極支持。中國有關部門領導在訪問文萊時曾指示浙江恆逸集團，一定要將此項目建設成為中文兩國友好合作的典範，要抓緊工作，紮實推進，確保準時開工、按期建成。文萊蘇丹哈桑納爾

二〇一三年四月訪華期間還專門提及了這個項目，希望兩國繼續合作，確保項目順利推進。文萊政府對這個項目非常重視和關心，首相府和有關部門，包括外交與貿易部、財政部、能源部、交通部以及經濟發展局的主要官員多次親臨項目現場視察。中國有關部門負責人和近幾任中國駐文萊大使也先後到大摩拉島考察，對推進項目建設提出指導意見。在兩國政府的共同關心和支持下，項目克服重重困難向前推進，島上第一座煉油廠將於二〇一六年下半年動工建設，計劃二〇一九年建成投產。文萊財政部副部長曾說：「該項目是文萊建國以來最大的吸引外國直接投資項目，使我們對文萊的經濟發展前景備感樂觀，也必將進一步增強中文兩國的友好合作關係。」

辛勤勞動、奮力拚搏，中國勞動者以智慧和汗水在荒島創造奇蹟

大摩拉島位於文萊首都斯里加灣市以北約二公里的海域，面積近十平方公里。當地人告訴我，該島總體上低於海平面，漲潮時整個島被海水淹沒，只能看見若干棵露出水面的樹梢，退潮時可依稀看到全島的輪廓。由於長年淹沒在海水之下，大摩拉島一直就是一個無人居住的荒島。我曾乘船遠眺這個島，初步印象是開發利用的可能性不大，因為建設工程量太大了。要把一個泡在海水裡的荒島建成化工基地，那要投下多少資金、花費多少心血啊？

但是，恆逸集團和合作夥伴們用實際行動把規劃變成了現實，在荒島上創造了奇蹟！

　　恆逸集團自二○一一年與文萊政府經濟發展局簽訂了為期三十年的土地租賃合同以來，僅用了近五年時間，通過地質勘測、環境評價、總體設計、疏濬航道、架設橋樑、吹沙回填、平整土地、築堤防浪等一系列環節，已經使荒島舊貌換新顏，把大摩拉島建設成了一個基本可居住、可生活、可生產的基地。二○一六年初我去文萊旅遊期間，心裡還惦念著這個曾為之操心的項目，經項目經理安排，我乘坐汽艇前往大摩拉島參觀。遠眺海島，與以往所見似乎沒有多大區別。但登島放眼望去，面貌煥

閔永年大使（中）和大摩拉島建設項目負責人合影。

然一新：近處是結實的防波堤、平坦的停車場，遠處是高聳的起重吊、儲油罐。在項目規劃和工程進度顯示圖板前，工地負責人自豪地告訴我，煉油廠將如期於二〇一六年九月前後動工，碼頭施工也即將開始，大摩拉島大橋已於二〇一五年四月開工，工期三十六個月，將於二〇一八年四月竣工。大橋將大摩拉島與文萊首都直接連接，不僅可進一步開發利用大摩拉島，深化招商引資，還可促進當地旅遊業的發展，從多個領域推動文萊經濟多元化建設。

　　恆逸集團在文萊大摩拉島的投資建設項目，有利於優化中國化纖產業鏈分工布局，推動上下游產業鏈和關聯產業協同發展，提升中國化纖產業的配套能力和綜合競爭力。隨著「一帶一路」建設進程的推進，大摩拉島項目已被列入「一帶一路」重點建設目錄。我相信，中文兩國一定會加強互信，攜手合作，把大摩拉島打造成「二十一世紀海上絲綢之路」上的一顆明珠，造福於兩國人民。雙方一定會努力克服項目推進中遇到的各種問題和困難，使項目保質保量早日完工投產，打造一個技術先進、環境友好、競爭力一流的現代化企業，並為兩國乃至世界能源化工產業的發展作出積極貢獻。

　　我殷切地期盼著項目建成的那一天，能有機會到大摩拉島，向辛勤的建設者們敬上一杯酒，感謝他們以智慧、勞動和汗水，為增進中文傳統友好合作、為增進中國—東盟互利合作添磚加瓦。

文萊灣上的「中國製造」

吳　煒　周舒菁

（中國港灣公司 PMB 大橋項目部工作人員）

　　二千多年前，亞歐大陸上勤勞勇敢的人民探索
出多條連接亞歐非幾大文明的貿易和人文交流通
路，後人將其統稱為「絲綢之路」。千百年來，「和
平合作、開放包容、互學互鑑、互利共贏」的絲綢
之路精神薪火相傳，推進了人類文明進步，是促進
沿線各國繁榮發展的重要紐帶，是東西方交流合作
的象徵，是世界各國共有的歷史文化遺產。

　　在亞洲東南的加里曼丹島上有這樣一個國家，
它的面積只有重慶的四分之一；它的人口只有上海
的百分之一點六；它的油比水還便宜；它的人均
GDP 曾經達到世界第一；國民讀書看病都是免
費，開廠做生意都是免稅。這個聽起來有些奇特又
有些神祕的國家，就是隱秘於加里曼丹島上的文
萊。文萊北臨中國南海，得天獨厚的地理位置決定
了其自古以來就是東南亞重要的交通樞紐。歷史
上，文萊和中國有特殊的歷史淵源。據記載，文萊
古稱浡泥，鄭和下西洋時曾兩度造訪。明永樂六年
（1408 年），浡泥國王麻那惹加那乃攜王后、子女
及陪臣等十百五十餘人遠涉重洋，回訪中國。而後

麻那惹加那乃病逝於南京，按其遺囑「體魄托葬中華」，明成祖朱棣以王禮將他安葬於南京。上世紀九〇年代，中文兩國正式建交，文萊王室通過南京的浡泥國王墓，完善了蘇丹譜系。

二〇一三年九月和十月，中國國家主席習近平在出訪中亞和東南亞國家期間，先後提出共建「絲綢之路經濟帶」和「二十一世紀海上絲綢之路」（以下簡稱「一帶一路」）的重大倡議，得到國際社會高度關注。同年十月九日，中國國務院總理李克強訪問文萊。「一帶一路」建設有利於促進沿線各國經濟繁榮與區域經濟合作，加強不同文明交流互鑑，促進世界和平發展，是一項造福世界各國人民的偉大事業。文萊，以其獨有的區位優勢、自然條件以及在「東盟東部增長區」次區域合作中的中心地位，成為建設「二十一世紀海上絲綢之路」的重要一環。

藍圖已成，大勢正起。在中文建交二十五週年的今天，越來越多的中國企業和中國人走進了文萊。中國港灣工程有限責任公司（CHEC）文萊PMB大橋建設團隊就在其中。

從「5＋2、白加黑」到「24×7」

最近，晚上到文萊穆阿拉區舍拉薩（Serasa）公園遊玩的人陸續增多，散步、夜釣、吃東西的都有。聽公園餐廳服務員介紹：「以前到了晚上可沒這麼好的生意，自從今年初中國人修建的大橋亮燈

之後，這邊的遊客慢慢就多了起來。中國人建橋的速度可真快，這麼快就通到大摩拉島上去了。」其實，服務員口中的「大橋」只是文萊 PMB 大橋工程的臨時棧橋，是為方便主橋建設而採取的一種施工措施。由於大橋建設採用的是白天晚上兩班倒的作業方式，即業內人士經常提到的「5＋2、白加黑」，所以晚上棧橋上仍然燈火通明，一片繁忙景象。但這副畫面卻成了文萊人眼中的一道靚麗風景。

關於臨時棧橋的故事還不少。記得剛開始申報棧橋施工方案的時候，PMB 大橋工程業主單位文萊經濟發展局是持懷疑態度的：一是文萊之前並沒有棧橋施工先例，不知道是否安全可行，會不會影響工期；二是是否會影響航道通行。經過中國團隊的反覆說明、論證，業主及當地海事局、海警、港務局等相關部門終於接受了棧橋施工工藝。正當棧橋施工開始的時候，一名當地履帶吊司機望著伸進海裡的棧橋卻又退縮了，他怎麼也想不明白，就這樣幾根鋼管樁、幾片梁、幾塊鋼板，三下兩下就把橋搭好了？就可以把吊車開到海上去了？一開始，他怎麼都不願意駕駛吊車往棧橋上走，經過中國司機的示範和帶領，他才慢慢適應了海上平台施工的節奏。

文萊 PMB 大橋是中國港灣與文萊政府的第一次直接合作。萬事開頭難，只要肯登攀。大橋建設團隊用時間和心血一步一步樹立了中國企業形象，打響了「中國製造」品牌。時間再往前推，在

ACT SIGNING & GROUND BR

onstruction of Pulau Muara Besar Bridge, Road

Wednesday, 6th May 2015

Guest of Honour
Yang Mulia Dato Paduka Awang Haji Ali bin Apong
Minister, Prime Minister's Office and Chairman, ... Economic Developm...

二〇一五年五月六日，大摩拉島大橋工程項目簽約儀式暨開工典禮在文萊舉行，文萊首相署常任秘書楊木·蘇萊曼（左4）、中國交建董事長劉起濤（左3）出席典禮並致辭。

PMB 大橋投標階段，大橋業主問到最多的問題就是：「馬來西亞檳城二橋是你們這個團隊承建的嗎？」並反覆強調：「中國有中國的做事方法，文萊有文萊的辦事流程，你們要儘快適應文萊的施工標準和程序。」一開始，業主對「中國製造」和「中國速度」還有不少質疑。二〇一五年四月九日為大橋開工日期，建設團隊開始陸續進場。不到一個月時間，五月六日，在文萊摩拉工業區的一塊空地上，從無到有，由中國人一手承辦了隆重而正式的 PMB 大橋開工典禮。文萊首相府常任秘書楊木·蘇萊曼文、中國駐文萊大使楊健、中國交建董事長劉起濤出席了開工典禮，文萊政府及相關部門對本次開工典禮紛紛表示肯定與讚許。這時，業主

還是在提醒大橋建設團隊：「在大橋的施工和管理過程中，凡事須參照文萊的辦事規則和要求。」隨後近四個月時間裡，PMB 大橋工程西岸臨設建設完成，完成了物資設備引進工作，完成了施工用地的各項審批手續等。

二〇一五年八月三十一日，文萊首相府副部長、原文萊經濟發展局主席拿督阿里一行視察工程建設情況後，首次對中國團隊做出的成績給予高度肯定，期望大橋建設團隊在文萊樹立中資企業優質工程的典範。二〇一六年四月一日，文萊達魯薩蘭企業工業園區管理處首席執行官 Daniel Leong 到 PMB 大橋調研考察，肯定了中國團隊前期的工作及建設者為此付出的努力。他提出，大橋的建設對文萊未來發展具有重要意義，希望建設團隊再接再厲，使 PMB 大橋成為文萊樣板工程。

PMB 大橋建設團隊用不到一年的時間，給文萊政府及相關部門吃了一顆定心丸。一次工程技術委員會工作例會上，一位業主官員半開玩笑地說：「終於見識了中國速度，大橋（棧橋）幾個月時間就要合龍了，中國人確實蠻拼的，『24×7』全泡在工地上。」中國人謙虛地笑道：「我們叫『5＋2、白加黑』。」

黑米的幸福生活

黑米是一名文萊「九〇後」男生，是 PMB 大

橋項目部招聘的小車司機，因名字發音相近且膚色較黑，同事們都這樣叫他。黑米在去年工程開工不久就來項目部應聘，看他駕駛技術還不錯，人也比較機靈，項目部便錄取了他。文萊人生活悠閒，做事節奏較慢，即使有高額的加班工資吸引，他們也很少會選擇加班，項目部以前招聘的幾名本地司機都因工作強度較大而選擇了辭職。自打成為項目部司機，黑米就告別了以前安逸閒適的生活，變成朝九晚五的上班族。他學習能力強，積極上進，很多事情教一遍基本就會了，不到一個月時間就能用中文叫出不少同事的名字了，所以很快就和同事們打成了一片。

文萊是一個非常傳統的伊斯蘭國家，全國禁煙禁酒並且基本沒有娛樂生活。或許正是由於整個國家缺少娛樂市場，才使文萊人民有很充實的精神生活。據說在文萊，百分之九十的人都去過麥加朝覲，任何公共場所都有祈禱室。平時在辦公室要是找不見黑米了，別擔心，你一定能在祈禱室找到他。可見，祈禱已經成為當地人生活中不可缺少的一部分。就連文萊航空公司的飛機起飛前都會在屏幕上播放一段祈禱文，雖然聽不懂，但是我們可以真真切切地感受到他們虔誠的祈禱以及富足的精神。

黑米「機靈」，確實不假，他知道項目部的另一名司機辭職之後，就主動找到了項目部勞資人員，推薦他的兄弟來面試。很快，兄弟倆就一起上

下班了。兄弟倆做事都比較勤快，同事們和他開玩笑：「你還有其他兄弟姐妹嗎？也叫來上班呀。」他總是虔誠地回答：「只要中國港灣需要，他們隨叫隨到。」

黑米「很忙」，因為他對當地的一些部門和市場比較熟悉，所以項目部會交給他一些開車以外的工作，比如買些東西或送信之類，他從沒有怨言。他說：「我大學畢業後，在餐廳、商場都打過工，但感覺那些工作誰都能做，學不到什麼東西。以前文萊沒有大橋，自從知道中國人來修橋之後，我就想來見證一下這座神奇的橋到底是怎樣建起來的。這份工作是比以前的工作累一點，但如果能學到一技之長，也是件了不起的事情。」

二〇一五年聖誕節前夕，黑米當爸爸了，項目部特意給他放了幾天假。休假回來的黑米頭髮剪短了，給人感覺成熟了許多。「家人都對大橋建成充滿期待，等大橋建設好了，我一定要帶小孩來大橋看看走走，告訴他爸爸曾在這裡工作。」黑米說起這話來，一臉的幸福與自豪。

雖然風俗習慣各異、宗教信仰不同，但是項目部的兩國員工相處十分和睦，處處都體現了文化交融的影子。為了讓中國員工更好地融入當地，項目部特意邀請了當地員工授課，教大家學習基本的馬來語。於是，我們常常可以聽見當地員工說「你好」和大家打招呼，也常聽見中國員工說「特裡嘛卡塞」表示感謝。項目部喜歡足球的人不少，黑米

二〇一五年十月十五日，中國駐文萊大使楊健（左3）赴中國港灣文萊大摩拉島大橋項目工地考察並看望公司員工。

知道了，便主動帶大家找了一個踢球的好去處，不僅豐富了大家的業餘生活，還組成了中文兩支「國家隊」，每週五晚成了項目部的「足球之夜」。春節來臨之際，同事們都忙前忙後準備年貨，布置項目部，黑米兄弟倆更是幫著一起掛燈籠、貼春聯，項目部拔河、接力賽、遊園等項目他們一個都沒錯過，完全沉浸在中國傳統佳節的氛圍中。這樣的文化交融在每天的工作和生活中一直貫穿始終，並且還在進行。

要說與當地員工相處的秘訣，我們會說：「就是兩個字——尊重。互相尊重彼此的風俗習慣和宗教信仰，取長補短，多元文化就能和諧共生。」

　　PMB 大橋項目部在當地的一位供應商陳先生是一位地道的華人，他曾經說過：在文萊本就不多的人口中，華人的比例占了大約百分之十五，他們多數是來自海南、廣東、福建的移民。在文萊，華人已經成為一股族群的力量，有各種華人組成的商會。毫不誇張地說，雖然華人只占了文萊人口的六分之一多，但是卻掌握著該國百分之九十以上的私營企業。

　　如今的世界時勢已然變遷，面對撲面而來的全球化以及東盟一體化進程，中國在東南亞地區正在發揮著一個崛起的區域性大國應有的作用。特別是近幾年，中國企業積極投資文萊各類項目，如有適當的配套及政策支持，這些投資合作將更能起到推升「一帶一路」的作用。同事問陳先生，是否對「一帶一路」有所了解，他笑著說，作為華人，還是非常關心祖國的各項政策，尤其是可以惠及他們的。聽說「一帶一路」進入了文萊市場，他們都非常開心，因為像他一樣在當地久居的華人很多，或許他們長期積累的人脈及資源，正是中國企業打入文萊市場的重要渠道，若是可以將中國的資源和海外華人的資源結合起來，那麼一加一將不等於二，而是更大的倍數。陳先生說，和祖國的企業一起合作，讓他非常開心也非常自豪，更重要的是，祖國的人帶給他一股衝勁、一股力量，一種他稱之為

「希望」的東西，他會盡自己最大的力量幫助祖國人民了解文萊這個有些陌生的國度。

Regalblue 是文萊當地的一家著名攝影製作公司，也是因為大橋和中國結緣。當時，中國港灣正在尋找攝影公司為大橋拍攝工程紀錄片，Regalblue 主動聯繫到中國團隊，希望能參與這項拍攝工作。來參與競標的攝影公司有中國的、馬來西亞的以及本地的團隊，但 Regalblue 的拍攝方案最為經濟適用，所以項目選擇了他們。Regalblue 得知能與中國公司合作，感到十分榮幸，特意安排了一場正式而隆重的簽約儀式，邀請當地政府部門與媒體出席和見證。Regalblue 攝影製作公司董事長奴萊茵說：「中國公司有先進的建橋技術和管理經驗，能與中國港灣這樣一個國際化工程公司合作，我們感到很榮幸。中國人做事幹練、效率高，希望在以後的合作中能相互學習促進，為文萊基礎設施建設及發展共同努力。」

文萊人熱情，中國人好客，大家很快就成了朋友。Regalblue 拍攝隊伍中的哈里斯是地道的文萊人，平時就屬他話最多，不分國籍，和誰都能搭上話，就是中國人口中的「自來熟」。剛開始，哈里斯對工地上的很多事物都充滿好奇，在和現場技術員熟悉之後，就不停地問：「為什麼你們修橋要先在地上打洞呢」，「為什麼修橋之前還要搭建另外一座橋呢」……有時，技術員也會和他開玩笑：「你教我怎麼用你的攝像機，我就教你怎麼用這台

水準儀」,「你教我怎麼操作航拍的無人機,我就教你怎麼用全站儀」……大家有來有往,充滿樂趣。

中華文化的堅守

在和當地華人的相處過程中,更讓人動容的是當地華人對於中華民族文化的執著和堅守。「即使在文萊這片土地上生了根,我們也始終堅持自己的母語教育」,這句話出自幫我們所在項目部處理簽證事宜的柯太太之口,這是一位出生在文萊的華人,年近五十。她的祖輩從移民到文萊起,就特別重視華文教育。在文萊,華人社會對華文教育的認同感還是非常強的,多數華人都會送孩子入華校學習華文。當地華人社團和華文學校也會舉辦各種詩歌、作文甚至相聲和華文歌曲比賽,強化根的意識。柯太太說,她的祖輩移居到文萊,除隨身攜帶的少許物資之外,更重要的是帶來了中國的傳統文化、風俗信仰及人文精神。原以為遠離家鄉,年味會因距離而被稀釋,可事實卻恰恰相反。春節前一個月,文萊的各大超市都已開始出售各種燈籠、窗花和春聯,條件好的華人家庭更是會請舞龍舞獅隊伍到家中增添節日的喜慶;到了清明節和冬至,無論多遠,他們一定會回鄉祭祖。

這群華人早已在文萊落地生根,但是中國的傳統文化一直代代相傳。「中國」這兩個字對於他們這一輩而言,或許有一種難以言喻的歸屬感吧。

「一帶一路」同發展

習近平主席在博鰲亞洲論壇二〇一五年年會上指出：「一帶一路」建設秉持的是共商、共建、共享原則，不是封閉的，而是開放包容的；不是中國一家的獨奏，而是沿線國家的合唱；不是要替代現有地區合作機制和倡議，而是要在已有基礎上，推動沿線國家實現發展相互對接、優勢互補。

文萊政府也看到了「一帶一路」所帶來的發展機遇，這正好與文萊推出的促進經濟快速和多元化發展、全方位引進外資、提高社會生產力、改善招商環境、大力發展基礎設施的「二〇三五宏願」藍圖不謀而合。

開花結果，人民受益。加強「政策溝通、設施聯通、貿易暢通、資金融通、民心相通」，這「一帶一路」倡導的「五通」，得到了文萊及文萊人民的熱烈響應，成為推動中文深入交流與合作的關鍵之舉。目前，中國企業已開始與文萊的建築、金融、通訊、水利、媒介、醫療、文化、能源等多領域交流合作，不僅打下了堅實的民意基礎，更有助於發掘深厚的人文資源，在交融往來中實現不同文明的互學互鑑，共同澆灌人類文明這棵參天大樹。

未來，願文萊可以將它更豐富多彩的一面展示給大家，告訴世界她不僅僅是一個富裕的產油國。希望能看到更多的「中國製造」在文萊崛起。

文化篇

藝術系紐帶，友情添新篇

——南京雜技團赴文萊訪演側記

潘正秀

（中國前駐文萊使館參贊）

一九九六年九月十二日中午，一架文萊皇家航空公司的波音 757 客機載著來自中國的南京雜技團抵達文萊達魯薩蘭國首都斯里巴加灣市，開始為期一週的訪問演出。南京雜技團是一九九一年中文建交後，到文萊訪演的第一個雜技團，也是中國訪文的第一個文藝團組。

雜技團的到訪受到文萊各界人士的極大關注和熱烈歡迎。說起南京雜技團來訪，真是件皆大歡喜的大好事。當時，中文兩國建交不久，意識形態上存有差異。我們是新建的使館，大使也是新派的，人生地不熟。為增進兩國人民之間的了解，我們就想摸索著搞些兩國之間的文化交流活動。考慮到雜技團沒有多少政治色彩，不至於引起駐在國的疑慮，使館決定先試探著從國內請一個雜技團來訪。但相關程序辦理起來，也不是一帆風順的。文萊有個國際婦女俱樂部，主席是一位高官的夫人，她叫達丁・芳莎，對文萊的社會文化活動很積極。我到任後，她首先邀請我參加國際婦女俱樂部，並說各

國大使夫人都是俱樂部成員。我聽後，對她的邀請積極響應，立即辦理了加入俱樂部的手續。在參加幾次活動後，她發現我還是個很樂意聯絡與交往的人，就建議我出面搞點活動。這正是我個人，也是使館希望我發揮的作用。因此，我在使館搞了幾次活動，其中包括中國春節期間的「開門迎賓」、迎接世婦會茶會、俱樂部成員到中國大使官邸學習包餃子等。文萊電視台和新聞媒體對上述活動都作了廣泛的報導，在文萊首都引起的影響還不小。達丁‧芳莎對我有了進一步了解，就想通過我搞一點更大規模的活動。這時，我建議俱樂部邀請中國雜技團來訪。我的建議正中達丁‧芳莎的下懷，但在商談過程中由於經費困難而擱淺。最後，這一設想還是回到了官方渠道。

我們夫婦利用回國休假之機，先到文化部外聯局，向局領導匯報說，駐文萊使館新建不久，有意邀請國內的雜技團去訪演一趟，得到外聯局的認可和支持。考慮到南京與文萊歷史上的特殊關係，他們準備讓南京雜技團去訪演。接著，我們夫婦利用回家鄉探親的機會走訪了南京雜技團。我先生特別向該團負責人說明，這趟演出是一項文化交流活動，某種意義上也是一項政治任務。雜技團的幾位負責人很有大局觀念，表示對大使提出的一些要求會通告全團認真執行。考慮到文萊是個伊斯蘭國家，演員表演時不能袒胸露背，必須在出發前在國內訂製特定的服裝，對女孩子的衣服更是嚴格，違

劉新生大使夫婦在機場歡迎來自家鄉的南京雜技團到文萊訪演。

反有關規定的，不得參加演出。聽了這些要求，調皮的女孩子們一個個伸出舌頭做鬼臉，連連說「乖乖隆的東」（南京土話），真嚴啊！

經過千叮嚀萬囑咐和認真準備，南京雜技團總算出發了。消息傳來，文萊喜訊遍傳。特別是華人，奔走相告。到達那天，文化部有關負責人和使館官員早在機場迎候。我們夫婦站在最前列，打著歡迎橫幅，舉著小紅旗，向雜技團演員們揮手致意。團員們邁著矯健的步伐走出機場，我們迎上前去一一握手，相互擁抱。

抵達當晚，文萊文化、青年和體育部長佩欣·侯賽因設宴招待南京雜技團。席間，侯賽因部長愉快地回憶起他一九九四年訪問南京時受到的熱情款待，他對南京人民的樸實、好客留下了深刻的印象，對南京雜技團來訪表示熱烈歡迎。

文萊文青體部長佩欣·侯賽因與雜技團演員合影留念，祝賀演出成功。

我是外交部派出的業務幹部，這個雜技團又來自我的家鄉南京市，因此，記者除就一些重大題材採訪了我的先生外，還專門對我進行了採訪。他們都喜歡問我對來自家鄉的雜技團有什麼特別的期待。我說，是的，家鄉來了雜技團，我有一份發自內心的激動。我期待來自我家鄉的雜技團能給文萊人民帶來友好情誼與中華文化的燦爛光輝。記者還問我為雜技團的訪問做了什麼具體工作。我坦率地說，我們夫婦回國休假期間，曾到南京雜技團所在地探討該團訪文演出的可能性，然後到北京與文化部一起對雜技團出國訪演的程序加以細化。可以

說，對雜技團的選定、節目安排、服裝道具的採用等，我都參加了意見。我還親自與文方進行了商談和聯絡。雜技團演員中不少是孩子，我從內心裡疼愛他們。雜技表演中有的動作是很危險的，我特別擔心孩子們身體受到傷害。團員們都知道大使夫人來自南京，都親熱地叫我「大使夫人阿姨」。我告訴他們，叫我「潘阿姨」就行了，不要那麼複雜。他們說不行，叫「南京潘阿姨」。我說，還是複雜，乾脆就叫「南京阿姨」。他們說，這好，這好，就叫「南京阿姨」。於是，這些孩子們總是一路圍著我，親熱地叫我「南京阿姨」。後來，我回國休假到南京，他們也是這樣叫我。

九月十四日晚，南京雜技團在文萊皇家航空公司俱樂部舉行首場演出，侯賽因部長、文青體部和內政部副部長等政府高級官員、各國駐文萊使節夫婦及各界朋友應邀出席，能容納上千人的體育館內座無虛席，氣氛熱烈。中國大使首次用他嫻熟的馬來語在這麼大的範圍（過去都是在較小範圍）發表簡短致辭，引起觀眾一片驚訝的「哇，哇」聲。他首先歡迎客人光臨南京雜技團訪問文萊的首場演出，衷心感謝文萊蘇丹陛下政府對南京雜技團來訪給予的寶貴支持，同時感謝文青體部各級官員以及各界朋友為南京雜技團訪演成行所做的大量工作和提供的大力協助。大使介紹說，雜技是中華民族的藝術瑰寶，是一種不受語言限制，可為各國欣賞，老少皆宜、喜聞樂見的藝術形式。南京雜技團是中

國優秀雜技團之一，曾先後到亞洲、非洲、拉丁美洲、歐洲的三十多個國家和地區演出。該團節目技藝精湛、表演新穎，其中有的節目在國內歷次雜技比賽中被評為優秀節目，有的節目還在國際比賽中獲得過大獎。大使在致辭中還簡單回顧了中文兩國人民友好交往的歷史及南京與文萊早在十五世紀就開始進行交往的情況。他說，現在南京雜技團作為中文建交後第一個中國文藝團組來文萊訪演，標誌著兩國人民之間的傳統友誼正在進一步加強。

中國大使用當地馬來語發表講話，不僅表示對駐在國人民的尊重，贏得全場觀眾陣陣掌聲，也為雜技團的演出營造了熱烈的氣氛。緊接著，雜技演員在悠揚的樂曲聲中輪流登台，他們以精湛的技藝、新穎的表演和優美的造型征服了觀眾。《皮條造型》演員以翻轉起伏、姿態奔放的動作充分展示了青春活力；《滾杯》演員額頭頂著用幾層玻璃杯組成的彩塔輾轉翻滾，塑造出各種優美造型；《椅子頂》演員的高難度動作，驚險奇異，扣人心弦；口技演員生動形象地模仿飛鳥吱叫、萬馬奔騰、樂隊演奏和嬰兒啼哭，更是惟妙惟肖，引人入勝，逗得觀眾捧腹大笑；魔術演員剎那間從觀眾席裡釣出一條活蹦亂跳的大鯉魚，令全場嘩然；《車技》演員的孔雀開屏，構圖新穎，氣勢磅礴；《轉碟》演員姿態優美，構成了一幅幅百花盛開、彩蝶紛飛的美麗畫面。觀眾不時為雜技演員的精彩表演發出聲聲讚歎和熱烈掌聲。當演員謝幕時，全場掌聲雷

動，經久不息。

　　南京雜技團首場演出在文萊引起了轟動，一時在當地掀起一股「雜技熱」。南京雜技團先後在文萊首都及外地演出四場，首演後的幾場演出觀眾更多，場場爆滿，一些觀眾沒有座位，只好席地而坐，或站著觀看。對演員來說，演出條件是很艱苦的，場內氣溫高達三十四五度，沒有專門的舞台，設施不配套，但每位演員情緒飽滿，一場比一場演出效果好。每場演出後，都有好多觀眾不願離開，圍著演員仔細端詳，有的與演員合影，有的找演員簽名留念。不少文萊朋友說，他們從未看過如此精彩的文藝表演，整場演出是一次美的享受，中國雜技太棒了！有的觀眾帶著孩子一連看了幾場。還有很多人沒看上雜技團演出，感到十分遺憾，他們表示要找個時間到南京去旅遊，順帶去看場雜技演

文萊華人朋友與南京雜技團部分團員

出。我給他們出了個主意：和演員交個朋友，互相留下姓名與地址，到南京後，去找他們，不要說一場了，看幾場也不成問題。

我的房東是位馬來人，他在雜技團演出的前一天給我打電話，說：「夫人，我是很少給你打電話的。」他說了一半，我就知道他什麼意思了。我也賣個關子：「那先生今天打電話肯定是有事咯。我是在你的屋簷下，有事我一定照辦。」房東是位很聰明的人，他聽出我是答應了他的請求。但他還是不放心，接著又問：「大使夫人，你知道我們馬來人都是大家庭，我可不能把有的孩子丟在家裡喲！」我就很痛快地回應他：「那就全帶著吧！」房東接著說：「夫人，我就等你這句話。」第二天，我到現場一看，他們家有的孩子有座位，有的坐在地上，那只能對不起了，因為觀眾實在太多。還有一位華人僑領的夫人抱著個孩子坐在樓梯口看，我感覺不太好，便走上前去問候了一聲。她說，大使夫人，這是我看的第二場了，第一場是用使館的邀請券，坐在貴賓席。孩子非要再來，我又陪著他來了。我只好說：「可憐天下父母心啊！」這位僑領的夫人心眼特好，她為這些小演員的演技所感動，當場還給他們發了紅包。

當初，我與文萊國際婦女俱樂部主席達丁·芳莎為邀請南京雜技團訪文演出，曾作出巨大的努力，雖因經費問題未果，但她畢竟是倡議人，我不能忘記人家。因此，在南京雜技團來訪時，我特意

把達丁‧芳莎夫婦請來看演出。她很感動，說我是個不忘朋友的人。我說：「我們不是一般的朋友，而是老朋友。」大約十年後，我重返文萊，在一個六星級飯店遇到他們全家在吃飯。達丁可興奮了，執意要請我們夫婦吃飯。無奈我們日程已經排滿，沒有接受。她便要我承諾下次來一定要事先通知她。我是作了承諾，但做起來很難，畢竟我們已進入耄耋之年，不想遠行了。

　　一些旅居文萊的老華人激動地說，他們等待了半個世紀才看到中國雜技，懇請雜技團多留幾天。我給他們解釋，這是國家之間事先商定的事，不可以隨便改動的。九月十九日凌晨，雜技團演員搭乘班機要離開文萊時，一群酷愛中國雜技的「追星族」深夜從遠離首都的白拉奕地區駕車兩個小時專程到文萊國際機場送行，情景十分感人。當地的報刊、電台和電視台對南京雜技團訪演活動作了大量報導，稱南京雜技團的精湛演出使文萊公眾大開眼界，演員的驚險表演令人讚不絕口，歎為觀止。他們期待中國雜技團再次來訪。

　　中國與文萊間的交往有著悠久的歷史，但在近代史上，中文交往一度中斷了。此次南京雜技團在中文建交五週年前夕赴文萊進行了成功的訪問演出，這些藝術使者用他們的辛勤汗水澆灌了中文友好的絢麗花朵，為兩國源遠流長的友好關係史又增添了新的一頁。我們夫婦對南京雜技團的到訪感到無比興奮，畢竟，我們看到了兩年來不懈努力的成

果。這不僅是開創中文兩國文化交往的一個重要事件，而且雜技團演員全部是來自我家鄉的親人，這又給我增加了一份特別的親切感。九月十八日晚，我們夫婦在官邸舉行晚餐會款待全團人員，祝賀南京雜技團訪問演出成功。飯後，使館人員與雜技團聯歡，盡情唱歌和跳舞。我們夫婦一連唱了好幾支歌曲為聯歡會助興。直到深夜，我們才依依不捨地送走為中文友好關係發展作出貢獻的親人們。

充滿感動和掌聲的文化盛宴

——記中國殘疾人藝術團文萊演出

瞿　偉

（新華社記者）

椰影婆娑，浪逐白沙。安寧而富有熱帶風韻的
文萊於二〇〇四年二月底迎來了一批遠道而來的中
國客人。中國殘疾人藝術團一行七十人應中國駐文
萊大使館和當地華人的邀請，於二月二十五日抵達
文萊首都斯里巴加灣市，並在一週內在斯市和馬來
奕展開三場「我的夢」大型演出。

當地媒體稱中國殘疾人藝術團是「美與友誼的
使者」，並評論說：「這是一場充滿感動和掌聲的
文化盛宴。感謝中國殘疾人讓文萊健全和殘障人知
道：有夢，人間就有溫情與希望。」

鮮有滿場的花園劇場破天荒出現一票難求

除了中國香港歌星張學友、美國巨星邁克爾‧
傑克遜之外，很少有藝術團體或歌手能讓有四千個
座位的斯里巴加灣市遮魯東花園劇場出現滿場的情
況。可中國殘疾人藝術團二月二十七日、二十八日
舉行的演出改寫了劇場的紀錄。

時任中國駐文萊大使魏葦透露：「我曾一天接到七十多個電話，都是希望我們幫助購買演出入場券的。可我們也是愛莫能助，所有的票幾乎早在演出前就已經銷售一空。」

二月二十七日晚，文萊王后、兩位公主以及其他皇室成員，文萊政府官員、各國駐文萊大使都身著盛裝觀看演出。

綵燈搖曳，絃樂聲聲。在中國民族樂器琵琶的伴奏下，由邰麗華等十多位聾啞演員表演的舞蹈《千手觀音》在如夢如幻的藝術氛圍中拉開了演出的序幕。華麗的服飾、優美的舞姿，出神入化地演繹出女神活脫優雅的形象，再現了莫高窟壁畫藝術在盛唐時的絢麗風姿，贏得了現場觀眾的一片掌聲和驚嘆聲。

一輪明月悄然升起，如泣如訴的二胡聲迴蕩在掛滿繁星的天幕。從小因患軟骨症而導致身體還沒有二胡高的王雪峰，嫻熟地拉起《二泉映月》《賽馬》，用樂聲描繪舒展廣闊的心靈和萬馬奔騰的景象；無臂青年黃陽光用他十幾年磨煉出的可以料理一切生活的雙腳，跳出充滿詩情畫意的獨舞《秧苗青青》，盡抒鄉間勞作的辛勤與愉悅……

盲人楊海濤在舞台上用馬來語說出「你們好，很高興來到文萊」時，場下一片驚奇之聲。他用馬來語演唱的歌曲《盲人的命運》讓不少觀眾流下了淚水。委婉動聽的獨唱《天堂》，更是唱出了他心目中的「藍藍的天，綠綠的草；美好的世界，幸福

的天堂」。

　　無論是激越奔放的演奏，還是舒展優美的舞
姿，相繼登台的一位位特殊藝術家，用有限的身體
挑戰藝術的無限，讓夢想在這裡變成現實。他們的
堅強意志和對藝術美的追求贏得了如潮的掌聲，更
播下了希望、友誼的種子。

　　「生命的夢啊，就像今夜的禮花如此燦爛！」
深情的《我們是世界》的旋律在花園劇場迴蕩……
當文萊的殘障人士將手中的鮮花獻給來自中國的殘
疾人朋友時，場上的氣氛達到高潮。文萊王后也微
笑著走上舞台，和演員們一一握手，並連聲說謝
謝。在如雷的掌聲和歡呼聲中，王后與全體演員合
影留念。

不願離席的觀眾為中國演員鼓掌十分鐘

　　當地一位華人說，文萊的觀眾儘管從不吝嗇自
己的掌聲，但一般演出掌聲絕對不多，更不持續。
當晚，中國殘疾人藝術團「我的夢」演出結束後，
人們久久不願離席，紛紛站在自己的座位旁，大力
地給予持續了近十分鐘的掌聲。

　　應邀觀看演出的二十多個國家駐文外交官和夫
人也都起立鼓掌。「演出證明，中國殘疾人十分優
秀，他們做到了許多健全人都難以做到的事情。今
晚讓我感到十分幸福和難忘，」巴基斯坦駐文萊高
級專員 Badr-ud-Deen 說。

「我雖然沒有到過中國，但我知道中國的長城。」文萊宗教部官員馬哈尼‧哈吉蘇哈麗激動不已，「今天中國朋友們的演出讓我更多地了解了中國，更多地感受到了中國人民的友誼。」

來自英格蘭的傑茜‧澳瑪急切地找到現場的中國殘疾人藝術團工作人員，說：「舞蹈太精彩了。女演員的手柔軟得像絲綢，我很想弄明白，她是怎麼創造的這個奇蹟？！」

文萊肢體殘疾人鄭天強費力地來到後台，拉著盲人演員王賓的手說：「中國殘疾人的演出給我們殘障人士以啟發。人有夢想，才能不斷前進。」

邀請中國殘疾人藝術團訪問的斯市中華商會秘書長陳家福難抑興奮之情，他激動地說：「今天是我最高興的一天。文萊王后、公主以及九位內閣部長觀看演出，級別之高，這是第一次。」

「我是含著淚水看完這場演出的。」演出結束後，魏葦大使激動地走上舞台，向演員們深深地鞠

中國殘疾人藝術團為
文萊兒童機構表演。
（供圖：中國殘疾人藝
術團）

了一躬。他說：「我為作為一名中國人感到自豪。」

在有三千三百名學生的文萊中華學校，中國殘疾人藝術團受到了全校師生的熱烈歡迎。在與師生的交流中，有學生問，殘疾人如何克服殘疾帶來的心理障礙，走出人生的春天？盲人演員毛鏑說，雖然有身體殘疾，但我們對藝術的追求和對人生的態度與健全人是一樣的。殘疾並不代表一切，相信有樂觀和積極的態度，人生同樣精彩。

文萊中華學校校長許月蘭表示：「中國殘疾人超人的意志與智慧，他們用心去創造奇蹟，對我們每一個人都有啟發，也讓學生們了解到，每一個成功的背後都是辛勤的汗水。」

團長王原說，藝術團帶著全中國六千萬殘疾人的精神，走訪世界三十多個國家和地區，通過表演向世界各地展現了中國殘疾人的良好精神和風貌。

文萊公主本基蘭如依沙爾（中）特意邀請中國殘疾人藝術團團長王原（右3）、聾人演員邰麗華（右2）等到家中做客。公主說：「你們的演出歷時二個小時，可我感覺好像才二十多分鐘。」（供圖：中國殘疾人藝術團）

演出取得的效果比作多場演講都有效

中國殘疾人藝術團的三場演出獲得當地群眾的高度評價，也受到了當地新聞媒體的關注。華文報紙《國際時報》《文萊聯合日報》《詩華日報》和文萊廣播電台中文台、英文報紙《文萊電訊》、文萊電視台都派出記者跟隨採訪藝術團的活動，並報導演出情況。文萊電視台連續十五天在新聞節目前播出中國殘疾人藝術團即將訪問演出的廣告。還有報紙專版刊登藝術團全體演職員名單。

《國際時報》主任劉坤章說：「這是近兩年來中國國家級文藝團體首次訪問文萊，中國殘疾人的演出，不僅對當地殘疾人士是一種激勵，更可以激發人們對生命意義的思考。」

文萊廣播電台中文台《相約星期五》節目主持人小雨來到藝術團下榻的酒店，採訪了團長王原和幾位殘疾人演員。她詳細了解了藝術團的歷史、演

文萊報紙對中國殘疾人藝術團演出的報導（供圖：中國殘疾人藝術團）

員對文萊的感受等。採訪結束時，她說：「這是炎黃子孫的驕傲。」

當地英文報紙《文萊電訊報》稱：「這是一場震撼人心的演出，中國殘疾人以他們的才華和勇氣為觀眾奉獻了一台世界級高水平的演出。」

魏葦大使對記者表示：「兩國雖然在政治、經濟、文化等方面有不同，但人民之間的真情是相同的，那就是愛心。文化可以跨越時空、疆界，相信通過文化的溝通，可以增進兩國人民之間的了解。」

「演出取得的效果比作多場演講都有效，」魏葦說，「中國殘疾人藝術團是中國的民間友好使者，他們以特殊的方式塑造藝術，展現中華文化的精髓，架起了一座友誼的橋樑。」

（原載二〇〇四年三月三日新華網）

文萊大學及其首批中國留學生

潘正秀

（中國前駐文萊使館參贊）

　　文萊大學是文萊唯一的高等學府，建於一九八五年，最初在斯里巴加灣市舊校舍，一九九五年遷入現址。一九七六年，尚未獨立的文萊對本國高等教育設施進行了一次全面檢查，在這次檢查的基礎上，有人提出了建立一所綜合性大學的設想。經過討論，在設在文萊的「英國理事會」（負責文化事務）的協助下，成立了一個建校指導委員會，一批專家參與此項工作，但直到一九八四年文萊獨立前，這件事未進行積極的籌劃。一九八五年四月二十三日，文萊蘇丹陛下宣布從國家利益考慮，文萊須有自己的大學，並指令儘快作出安排。有關部門在相當短的時間內，在文萊教育學院附近找到幾座樓房，並進行了一些改造與裝修，建成文萊大學臨時校園。在國外一些大學和文萊教育部建校委員會的指導下，大學制訂了第一個學位課程計畫，與英國加的夫大學和利茲大學建立了正式學術聯繫，這兩所大學幫助執行英語教學計畫。馬來語教學計畫由馬來西亞理科大學和國立大學執行。當時教學人員來自英國、馬來西亞和新加坡，現在，教學人員

來源更廣泛了。

　　一九八五年十月二十八日，文萊大學正式開學，第一批招收學生一百七十六人。一九八八年，蘇丹哈桑納爾・博爾基亞教育學院併入文大。一九九五年，文大遷入新校址。文大現有學生一千五百人、教職員工三百人。文萊蘇丹陛下為該大學校長。

　　文萊本國學生憑高中畢業考試成績或相當於這一級的考試成績報考該大學，學校接受新生委員會認為對該學生成績滿意即通知到校面試，如果面試也滿意，再經過政府承認的醫生的體格檢查，合格

文萊最高學府 —— 文萊大學行政大樓。

者可入學。新學年每年八月開始。本國公民可享受獎學金，獎學金分兩類，一類是文萊政府獎學金，一類是私人企業獎學金。申請文萊政府獎學金的，要到文萊教育部獎學金和福利處領取表格。申請私人企業獎學金的，可直接從學校註冊官辦公室領取，都有一定的審批手續。外國學生申請獎學金的，分不同情況。來自英聯邦國家的學生要申請文萊政府獎學金，必須從文萊教育部獎學金和福利處領取表格；東盟和中東伊斯蘭國家的學生到本國或鄰近國家的文萊使館領取申請獎學金表格，或直接寫信向文大新生註冊與學生檔案處索取。本國與外國學生有關表格必須在學校通知的截止時間內寄到學校。

文萊大學作為文萊唯一的綜合性大學，以通過教學、科研與服務社會三條渠道為國家提供人力資源為其使命。教學是該校的主要任務，旨在根據國家指導方針，在知識、技能、儀態、道德和精神價值觀等方面培養學生，使其成為適合國家需要的人才。科研是學校的第二大任務，學校鼓勵教職員與學生進行研究，特別是國家建設與經濟發展需要的實用科目研究。第三大任務是服務社會，因為學校的教職員在某些專業上具有特殊的技能，可走出校園與外界建立聯繫，為社區提供服務。學校也向社區作適當宣傳，以便社區有需求時，可向學校提出。

學校制訂了以下幾項目標：（1）提高學生學習質量；（2）適當時候在一些專業提供學後深造機

會；學生人數至少要增加一倍；（3）強調實用科學研究；（4）在社區內積極進行宣傳，提供諮詢、服務和再教育；（5）繼續提高教職員素質，把現有人數增加到適當水平；（6）改善後勤服務設施，以保證教學、研究與管理的高水平；（7）對當前與未來的需求和挑戰作出及時有效的反應。文大教學方法鼓勵學生充分利用學校的設施，開發自學與獨立思考的能力。

　　文萊大學由文萊著名建築師伊德里斯及其屬下的公司設計、施工。校舍設計風格之精美，與愛國華僑陳嘉庚老先生所建的廈門集美學村有點相似，但作為一個學校，其建築用料之上乘，是我在國內及我到過的幾個國家中沒有見過的。整個校園可以說是一座花園，一色白牆紅瓦的校舍建築分布在高低不平的丘陵地帶，天然森林和灌木與人工栽培的各色花卉點綴其間，藍天白雲與大海相陪襯，構成一幅極美的畫卷。生活與學習在這個校園極其舒適與方便，每幢教學樓與圖書館等建築之間有北京頤和園長廊式的建築相串通聯繫，師生在校園內走動既曬不著太陽，也淋不到雨。

　　國外聘請的教職員在校園內提供住房，本地教師由學校出資在校外為其租賃房舍。現有學生一半可在校內住宿，男女宿舍分不同的區域，分別管理。本地學生駕私家車上學，學校辟有專用停車場。校舍和教學設施達國際一流水平，但因建校時間尚短，特別是師資力量不夠，教學質量目前尚不

盡如人意。學校共分六個院系：（1）蘇丹哈桑納爾·博爾基亞教育學院。內設七個學科，即文科與社會科學、基礎教育、心理學教育、語言教育、數學與理科教育、在職教育、兒童早期教育；（2）管理與行政研究學院。內設公共政策和行政與管理研究系；（3）理科學院。內設六個系，即生物學、化學、石油地質、數學、物理、電氣與電子工程；（4）文科和社會科學學院。內設六個系，即經濟學、英語和語言運用學、地理、歷史、馬來語言和馬來文學；（5）伊斯蘭研究學院；（6）文萊研究中心。在教學輔助單位中，有圖書館、電腦服務中心和教育技術中心。在學生管理方面，還有學生事務處，以及負責管理學生宿舍與膳食、學生福利、課外活動和對學生進行指導與諮詢的科室。學生自己還有學生會和俱樂部等組織。

　　文萊大學坐落在南海之濱，既像避暑勝地，又像是旅遊樂園。我曾帶國內來的客人多次到校園參觀遊覽，對校園之美麗和設施之先進留下深刻印象。當時，我萌發一個想法，如果能從國內派幾名學生到這裡來學習或進修，該多好啊！一九九六年十一月，我們夫婦回國休假期間應邀到中國國際廣播電台馬來語組介紹情況，在交談中了解到，該組編譯人員迫切希望有機會到文萊進修馬來語。這更使我們堅定了辦理中國學生來文萊學習的念頭。但是，這個想法當時實現起來還是有一定難度的：中國與文萊建交才幾年，兩國尚未正式簽訂教育協

定，學生交流還提不上日程。

　　一九九六年十二月，文萊教育部長佩欣・阿齊茲的女婿、文萊外交部主管中國事務的官員佩義蘭・阿茲蘭受命到文萊駐華使館任職，我們夫婦借此機會請教育部長全家吃飯，同時也為阿茲蘭送行。當然，我們主要還是想利用這個機會與教育部長當面探討一下中國派留學生到文萊學習的可能性。

　　當晚的宴會氣氛很好，教育部長談到文萊與中國歷史上的密切交往、中國悠久的文化傳統對文萊的影響，對其女婿被派往中國工作非常高興。他認為中國可看的地方太多了，可做的事也很多，鼓勵女婿和女兒到中國後多多學習。雙方興致正濃時，我先生表示：中文建交特別是互設使館為兩國各個

劉新生大使宴請文萊教育部長佩欣・阿齊茲（中）。

領域關係的發展提供了便利條件，隨著兩國關係的深入發展，為促進兩國之間各個領域的廣泛交流，中方感到有必要培養更多馬來語人才，不知文方能否接受幾名中國留學生到文萊大學學習馬來語。阿齊茲部長說，文萊迄今只向東盟和少數阿拉伯國家提供有限的獎學金名額，如果中國朋友想派學生來文萊學習馬來語，可以提出書面申請，教育部願給予積極考慮。

我先生立即將此信息轉告中國國際廣播電台，並責成我今後具體負責此事。在收到國際電台回覆及推薦人選後，大使於一九九七年四月二十八日一並致函阿齊茲部長。六月五日，大使收到文萊教育部常秘覆函，告知文萊政府同意向中方提供兩名留學生獎學金名額，為期一年。有關具體事宜，請大使與文萊大學進行商談。文方答覆之快，超出預料。原以為難以辦到之事，經過努力終於成為現實。這為兩國交換留學生、開展教育交流奠定了良好基礎。

六月二十五日，大使往見時任文萊大學副校長佩欣‧阿布‧巴卡爾（現任文萊教育部長），就中國國際廣播電台馬來語部擬派兩名職員作為留學生來文萊大學進修馬來語的具體事宜進行商談。佩欣表示，文大已從文萊教育部得到了有關中國將派孫蘭鳳和耿衛東兩位女士來文萊進修馬來語的通知。這是中國學生首次到文萊學習，文大對此表示歡迎，校方十分重視，已責成馬來語專業為兩名中國

進修人員專門制訂一個教學大綱，預計兩星期後可向中方提供。佩欣告訴大使，文大新學年分兩個學期，第一學期從八月四日開始，十二月六日結束。十二月七日至一月十一日為假期。第二學期從一月十二日開始，五月十六日結束。五月十七日至八月二日為假期。假期中，校方將為進修人員安排強化訓練或去文萊電台實習。中方兩名進修人員應於八月四日即新學期開始前抵校，辦理有關報到註冊手續。

除了學期安排外，我先生最關心的是中國學生來文後的待遇，他婉轉地問了一下。佩欣告，文方將向中國兩名進修學生提供為期一年的獎學金。一般做法是，文方向學生免費提供食宿、醫療和書本開支，每月另發三百文元（約合 200 美元）零用費和五十文元（約合 30 美元）市內交通費（中國學生到校後，實發零用費是五百文元，包括交通費在內）。往返文萊的國際旅費亦由文方提供。有關中國進修人員的獎學金數額和其他待遇，他表示向文萊教育部了解後再通知中方。聽了佩欣的一番話，我先生心裡感到既踏實又欣喜，他沒想到中國留學生來文進修事這麼快得到落實，更沒料到文方為中國學生提供這樣優厚的待遇。他自己曾在印尼留過學，還到過幾個使館，對一般國家的留學生待遇是了解的，特別是在一些發展中國家，中國留學生的條件是十分艱苦的。

孫蘭鳳和耿衛東兩位女士因國內辦理有關手續

劉新生大使夫婦在美麗寧靜的文萊大學校園內合影留念。

延誤，八月二十七日才到文萊。當時我們夫婦在國內休假，九月返館後，因為休假一個半月，積壓好多事情要處理，未及了解學生來文後的情況。過了一段時間，我先生派我及使館一位女同志到文萊大學去看望兩位學生（因為文萊大學管理很嚴，加上伊斯蘭教規，男士不便到女生宿舍）。我把我先生的幾點意見向留學生作了轉達。他總的想法是，文萊大學總共才有十多年的歷史，至今只接受東盟和一些伊斯蘭國家的少量留學生，獎學金名額更少。在中文兩國尚未在教育領域開展正常交流的情況下，文萊向中國留學生提供獎學金，這是文萊政府對中國友好的表示，來之不易。因此，他讓我向兩位學生轉達，希望她們努力學習，遵守學校紀律，

尊敬師長，尊重馬來習俗，與文萊本國學生及外國學生友好相處；要求她們兩位作為中國第一批留學生，要給校方和文萊學生留下良好的印象，為以後我國留學生來文深造打開一條通道。孫、耿兩位女士已在中國國際廣播電台工作多年，馬來語也有相當的基礎。她們非常珍惜這次進修機會，對文方提供的學習條件非常滿意。她們對使館與校方從不提出任何過高的要求，總是集中精力努力學習語言和其他知識，與同學及老師相處很好，我對她們的表現感到滿意。我也經常把她們的在校表現向大使匯報。大使讓我轉告她們，有什麼困難，可及時向使館提出，使館會盡量為她們排憂解難。

中國學生與來自日本及其他東盟國家的留學生同住在女生宿舍區內一幢外國留學生宿舍樓內，宿舍區門口設傳達室，外來人特別是男士不得隨意進入。每幢宿舍樓一層為起居、會客場所，校方規定男生不得進入女生宿舍樓內，有事只能在門外交談。二層以上住人，每個學生一個單間，內有單人床、組合衣櫃、電扇等。每層有罐裝煤氣與灶台配備齊全的公用廚房以及衛生間、洗澡間、洗衣室。除學生宿舍自己打掃外，其他公共場所有專人每天打掃。學生伙食標準為每人每月三百文元（約合200美元）。飯菜很豐盛，早餐牛奶、面包、雞蛋都有，午餐和晚餐牛肉、雞肉、魚肉與蔬菜搭配，葷素皆有，營養豐富。因此，學生基本上不必再到公用廚房自己做飯，當然，要想偶爾開個小灶，調

劑一下生活，也很方便。這樣的條件與當時我們國內的學校相比，實屬優越。

聽說，本國學生除三餐外，一天還有幾次茶歇和祈禱，有的文萊朋友擔心學校條件太好了，學生是否能集中精力學習。我倒是對中國學生不擔心，因為中國學生對環境的適應能力較強，條件艱苦會激勵他們克儉向上，條件好了，他們會更加珍惜而勤奮耕讀。我因為管理留學生的原因，經常到文大去。對文萊大學提供的條件，我非常羨慕。我在與大使閒談時說，我的年紀太大了，要不然真要爭個名額，到文萊大學鍍鍍金。

中國教練在文萊

劉新生

（中國前駐文萊大使）

　　一九九四年一月六日，我向文萊蘇丹哈桑納爾·博爾基亞陛下呈遞國書後，開始各項拜會活動。在一個半月裡，我拜會了除財政部長（蘇丹最小的弟弟，一般不接受外國使節拜會）外所有內閣部長、副部長和大部分各部常務秘書等政府高級官員。我總的感覺是，文萊各級官員均十分重視發展與中國的關係，態度誠懇，熱情友好。

　　二月十九日，我拜會了文萊文化、青年和體育部長佩欣·侯賽因先生。侯賽因部長系文萊樞密委員會成員，一九八六年十月出任文青體部長兼國家

劉新生大使拜會文萊文青體部長佩欣·侯賽因（中），就兩國文化交流合作交換意見。

奧委會副主席，曾多次代表文萊出席國際體育方面的會議。他除主管體育事務外，還兼管文化、青年和社會福利事務，是文萊內閣中的一位「重臣」，頗受蘇丹陛下的賞識和信任。侯賽因部長年輕時曾是文萊國家足球隊的一名優秀隊員，他雖已年過六旬，但看上去仍十分健壯。他思維敏捷、精明強幹、十分健談。會見中，侯賽因部長開門見山地說，文中兩國有著長期友好交往的歷史，建交兩年多來，兩國關係發展很好，兩國之間不存在任何問題，兩國應加強在文化、青年和體育領域的交流與合作。作為起步，文萊準備從中國聘請一名男羽毛球教練來文執教，訓練青少年運動員。他還說，文萊是個小國，但羽毛球和足球相當普及。文萊要學習中國的經驗，從抓青少年開始，聘請中國教練來文執教的目的，是希望為提高文萊今後的羽毛球運動水平打個基礎。我當即表示完全贊同侯賽因部長的意見，並表示中國十分樂意在體育領域與文萊加強交流和合作。關於聘請羽毛球教練來文執教事，我將儘快報告國內有關部門。我還說，目前中國已有不少教練在國外執教，除羽毛球項目外，如果文方還需要其他項目教練，中方也會積極提供協助。

經過數月聯繫，中國國家體委人才交流中心於一九九四年八月派遣了一名原湖北省羽毛球隊的教練來文執教。由於中國教練執教刻苦，認真訓練，文萊羽毛球運動員在一九九五年五月的澳大利亞「阿拉弗拉體育節」上擊敗了澳大利亞、菲律賓、

斐濟和香港選手，奪取了男子單打冠軍，為文萊獲得一枚可貴的金牌。文萊體育代表隊回國後，文青體部舉行了慶功會，我也被邀請出席，分享此份歡樂和榮譽。繼羽毛球教練之後，中國一名田徑教練又應文方聘請於一九九五年十一月來文執教，訓練文萊「三鐵」（鐵餅、鉛球和標槍）運動員。經過四個月的「試用期」，該教練被聘為正式教練，合同期為兩年。

一九九六年二月八日，文萊外交部常秘林玉成先生打電話給我說，外交部長穆罕默德親王殿下有意從中國聘請一位武術教練於二月下旬來文任教一個月，主要教授親王本人防身用的擒拿格鬥術。因文方要求很急，又是外交部長自己要學，於是我親自操辦此事。我立即同國家體委人才交流中心聯繫商談此事，要求他們選派一名武功較好、有教授武術經驗的武術教練來文短期執教。文方提出要求時，正碰上中國春節假期，給選派工作帶來一定困難。但人才交流中心辦事非常認真，特別是肖桃武主任親自經辦此事，決定選派高美潤教練來文短期執教。高教練一九八二年畢業於北京體育學院（今北京體育大學）武術系，曾參加過全國武術套路比賽，獲規定拳冠軍，此後還兩次獲得全國武術散手比賽五十六公斤級冠軍。他一九八二年出任中國武術協會專職教練，並曾於一九八九年和一九九四年赴日本和美國教授武術散手和擒拿格鬥術。

人員選定後，何時能成行又成了問題，因為出

國手續審批和辦理護照、簽證等不是三五天可以完事的。文方再三催問我教練到達日期，外交部長明確提出要中國教練三月四日前來文，並通知了文萊駐華使館主動找高教練到使館去辦簽證。我們幾乎天天與體委人才交流中心聯繫，肖主任在國內加速運轉，我也打破常規給我們外交部及有關部門領導直接打電話。終於，高教練按照親王的要求，於一九九六年三月四日由北京乘文萊航空公司班機順利抵達文萊，我也算鬆了一口氣。高教練在旅館安頓好後，文方即通知他，親王當晚在其私邸等他去教授武術。高教練不顧旅途疲勞，欣然同意。我得知此消息後，立即向高教練交代：（1）親王是文萊蘇丹胞弟，當蘇丹不在國內時，他就是代理蘇丹，在國內地位很高，是文萊二號人物，見面時一定要注意禮貌。我還扼要地向高教練介紹了文萊的一些禮節和習俗；（2）在教授武術時要注意循序漸進，逐

劉新生大使宴請文萊文青體部長佩欣·侯賽因（左4），為其一行訪華餞行。

步加大運動量;(3)重點教授親王一些健身和防身套路武術,在練習時千萬要注意安全,避免親王因掌握不當而自傷。

在短短一個月的教授過程中,高教練與親王之間建立了十分融洽的關係,成為朋友。高教練對親王待人之謙和感觸很深,他沒想到親王作為一國一人之下、萬人之上的王室人員,竟然一點架子也沒有,這使他原來的緊張心情很快放鬆了。自他與親王第一次見面後,親王就根據中國的習慣,稱呼高教練為「師父」,還不時與教練開個玩笑,這就更加拉近了兩人之間的距離。在聽取教授和自己練習時,親王總是非常認真,每次都是練得汗流浹背,氣喘吁吁。

四月一日,在短期習武即將結束之前,親王邀我去他的私邸觀看他習武的情況。他對高教練說,要與劉大使比試比試。我看到親王精神煥發,體質有了明顯的增強,就對親王說,親王殿下現已武藝

一九九三年六月,文萊外交部長穆罕默德·博爾基亞親王在南京拜謁渤泥王墓。

高強，我當甘拜下風。親王殿下哈哈大笑，並興致勃勃地為我表演了一個月中他所學的一些招式和套路。當然，我感到他與我國的一些專業武術運動員還是無法相比，但對一位在不惑之年才開始習武的外國人來說，能學成這樣真是個奇蹟，我無法不佩服他的毅力與恆心。親王殿下再三感謝我為他選了一位很好的武術「師父」。但由於他要去麥加朝聖，武術學習要暫告停止，他希望今後高教練能再次來文向他傳授技藝。我表示，只要親王願意繼續習武，我們會再作安排。

以後，我們又安排了其他教練繼續教授親王武功和為其家人做保健。在四年的時間裡，我國五六名長期和短期教練先後來文執教，他們用辛勤的汗水，默默地澆灌著中文友誼之花。他們都是功不可沒的使者。

到你身邊，在你身邊

——援文萊志願服務隊在文工作生活小記

何國煒

（中山大學附屬第三醫院醫生，中國青年志願者海
外服務計畫援文萊項目隊長）

從到文萊第一天起，到現在的第二百五十多天，我們一直在記錄在文萊的志願服務，乃至生活的點點滴滴。隨著在文萊的志願服務進入尾聲，我們即將完成任務，離開這個國度，回歸祖國的懷抱。在文萊將近一年的時間，說長不長，說短不短，我相信，不光是我，在文萊的志願服務經歷將是我們全體隊員人生中最難忘的經歷。

初遇——從零開始

二〇一五年四月，我們齊聚佛山，進行為期兩個星期的培訓。從志願精神的培訓、項目管理及相關的培訓，到管理制度的建立，我們一步一個腳印地把志願服務隊建立起來，形成一個互相尊重、團結互助、有執行力的團隊，為即將奔赴文萊做好準備。

出征——壯志豪情

身著正裝，接過旗幟，背上志願者行囊，我們整裝待發。出征儀式上領導的講話依然記在心中，我們的誓言也不曾忘卻。我們相信，不忘初心，方得始終。二〇一五年八月六日，我們離開了祖國，奔赴文萊開展為期一年的志願服務。

初到文萊——廣師求益

雖然在培訓的時候，培訓導師曾向我們介紹了文萊的大概情況，但是有很多東西，特別是文化上的差異，需要身臨其境才能夠體會。剛剛來到文萊的我們，曾經有些手足無措，但在大使館和文萊大學師生的幫助下，我們很快適應了這裡的環境和風俗習慣，找到自身的定位，開始新的工作和生活。駐文萊大使楊健非常關心我們，還特意到文萊大學與我們以及所在院系的老師進行座談，了解我們的情況。

教學工作——默默耕耘

在文萊大學，我們分成了三個小組，在不同的學院開展教學。羅毅清在語言中心（Language Centre, LC）協助閔申老師開展漢語教學；林棠和羅婷在商學院（School of Business and Economics, SBE）開展會計教學；而其他的幾位——吳淑貞、何海健、

陳小華、鄒道星、鐘小君、馬蘊敖和我則在健康科學研究院（Pengiran Anak Puteri Rashidah Sa'adatul Bolkiah Institute of Health Sciences, IHS）開展相關教學研究。

或許教學是枯燥的，但我們卻樂在其中。在語言中心，羅毅清兢兢業業地協助閔申老師開展漢語教學，製作中文學習網頁，鼓勵學生通過多種途徑學習中文。她曾利用校園網站組織學生參加中文知識競賽，並努力促成文大語言中心和我隊合辦語言文化周，為在校園裡營造學習中文的「中國風」貢獻良多。

在商學院，羅婷和林棠也參與了大量的教學工作。羅婷在這個學年主要教授《Introduction to Accounting（會計基礎）》，林棠主要講授《Financial Reporting（財務報表）》，這些內容涉及大量的計算，他們倆經常組織輔導課，認真細緻地輔導學生，解答學生的疑惑。「師者，所以傳道授業解惑也」，我想，這就是很好的詮釋。

在健康科學研究院，馬蘊敖主要參與護理教學。何海健參與《醫學遺傳學》、《微生物學》《組織學》《生物化學》等專業課程以及 PBL 的教學。陳小華則是參與《分子生物學》《基礎免疫學》和《臨床免疫學》的課程。鄒道星和鐘小君主要參與即將開設的口腔系專業的籌備工作，他們在課程的設計以及比較不同地區的口腔醫學教育方面做了大量的工作。吳淑貞則更多地參與臨床醫學技能的教

學和 PBL 教學工作，經常和同學們到 RIPAS 醫院指導同學們的臨床見習。而我，則主要參與《生物化學》《基礎免疫學》《臨床免疫學》《組織病理學》等課程以及 PBL 教學工作。

參與科研——勇攀高峰

在健康科學研究院的志願者們，除了參與教學工作之外，還需要承擔科研任務，指導學生開展畢業設計。何海健積極參與科研工作，協助 Mas 教授開展關於乳腺癌的基礎研究，與在讀博士生 Izzy 共同參與乳腺癌相關癌基因的信號通路研究。馬蘊教成為 Kumar 教授的科研助手，參與 Munikumar R. Venkatasalu 教授關於重症醫學和臨終關懷的護理臨床研究。吳淑貞參與 Faye 教授關於新型代糖的臨床研究。陳小華指導學生 Muizz 完成本科畢業設計和畢業論文，以及參與 Adi 教授關於天然藥物對於宿主—病原體之間炎症因子的相互作用研究。鐘小君和鄒道星參與口腔相關標誌物的臨床應用價值研究。我主要參與 Adi 教授關於口腔微生態的研究、本土植物的提取抗微生物藥物應用價值探索、金黃色葡萄球菌的定植及宿主微生態的相互作用研究，還有指導本科生 Khadijah 開展畢業設計和畢業論文撰寫，目前正在和 Adi 教授合著論文，不日將發表在國外的核心期刊上。

教師交流——共同進步

　　我們積極參加學校及各學院舉辦的研討會，以及教師和導師技能培訓。在會議上，我們能夠和不同學院的青年教師交流教學心得，並分享我們在中國教學的經驗。文萊大學遵循英國的教育模式，和國內有比較大的差別：這裡都是小班教學，主要是使用 PBL 教學法（即問題式學習）和探索性學習，讓學生在討論中獲得知識，這對教師知識的廣度和深度要求更高；而國內則是大班教學，通過不同專題的授課來傳授知識。我們需要一段時間來適應和學習這種教學模式。幸虧，這邊的老師都很好，經常鼓勵我們，還邀請我們去旁聽他們的課程，給了我們很多的指導。同時，他們也給我們安排一些小講座，鼓勵我們多嘗試。在他們的鼓勵和支持下，我們很快就融入了各學院的教學工作，教學水平和英語水平也得到很大的提高。

　　健康科學研究院的副院長 Anne Catherine Cunningham 教授是我的導師之一，我經常和她一起參與免疫學和組織學的教學工作。她很和藹可親，還非常喜歡爬山，每逢週五上午，她會一早來到我們的宿舍樓下，接我們一起去塔斯可拉瑪休閒公園（Tasek lama Recreational Park）爬山，然後一起吃早餐。有時下班後她也會邀請我們一起去文萊大學附近的沙班達山森林公園（Bukit Shahbandar Forest Recreation Park）爬山，釋放工作壓力。

另外，我們剛來的時候，正趕上文萊新年的尾聲，每個學院舉辦的「開門迎賓」活動（Open House）都邀請我們參加。十一月中，第一學期即將結束，健康科學研究院在穆阿拉海灘（Muara Beach）舉辦了家庭同樂日活動，我們也參與策劃，和其他老師及他們的家人在海邊度過了美好的一天。

師生交流——亦師亦友

在課堂上，我們是老師；在生活中，大家是好朋友。我們和學生之間的關係很好，經常一起打球和運動，他們有什麼活動也會邀請我們參加。二〇一五年底，文萊大學學生會舉辦了一場「健康跑」，我們全隊出動，全力支持。後來，他們通過

二〇一六年九月七日，中國青年志願者海外服務計劃第二批援文萊項目總結座談會在佛山舉行，何國煒（右5）等十位志願者獲得「佛山市五星志願者」榮譽稱號。

媒體報導了這次活動，並對我們的支持表示感謝。

在二〇一六年文萊的國慶日之際，我們也希望能夠觀看巡遊活動，但交通是個問題。我們的學生知道後，主動邀請我們一同參加。他們不僅把我們送到舉行國慶典禮的會場，還全程陪我們一起觀看典禮和巡遊，讓我們這些外國人也能感受他們國慶的氣氛。

二〇一六年二月底，健康科學研究院的學生聯繫我們，說他們要舉辦一個慈善籌款嘉年華，邀請我們參加。我們準備了一個遊戲的攤位和一個義賣的攤位，並帶領學院師生一起打太極，共籌得善款近三百文幣（1 文幣約合 4.8 元人民幣）。

走近他們——體驗生活

在文萊，我們也結識了很多馬來人朋友。雖然在宗教和文化上有差別，但無礙我們成為好朋友。其中有一位叫 Fatimah 的文萊人，曾是健康科學研究院護理系的老師，現在是文萊大學 OSHE（安全、健康和環境辦公室）的項目經理，她和我們年紀相仿，和我們成為很好的朋友。她經常下班後和我們一起去運動、跳 Zumba 舞，週日還常會帶上孩子和我們一起到體育館游泳，並到不同的餐廳品嚐美食；有時，她還開車帶我們去文萊不同的地方遊玩，並帶我們到她爺爺奶奶位於淡布隆區（Temburong）的家裡做客。她教了我們一些馬來語，讓我們很快

融入了文萊的生活。她還是一個很有愛心的人，當地有什麼慈善活動，都會叫上我們一起參加。我們一起參加了為乳腺癌患者籌款的活動、世界糖尿病日的宣傳活動、世界健康日的活動等。

這裡的人都很熱情友善，也很有禮貌。記得在我們爬山的時候，一路上遇到的陌生人都會互打招呼。我們也曾經試過在爬山的時候和不同的人打招呼、交流，一起說說笑笑地爬完全程，這是在國內未曾有過的體驗。

走近華人——相互支持

Shirley Lee 是文萊本地的華人，記得我們要去學院報到的時候，她還一早過來接我們，並帶我們熟悉學校和學院的環境，認識學院裡的老師。她非常關心我們的工作和生活情況。記得有一次，我們在課間閒聊的時候說起曾經有蛇進入宿舍，我們不知道如何防範，結果，第二天她就給我們送來了一些驅蛇藥，並協助我們和宿管方面溝通，封堵門縫。她還鼓勵我們融入當地的生活，有什麼活動和學術講座，她也會通知我們一起參加。

林明娟醫生是我們在文萊最好的朋友之一。記得剛來文萊第二週的某一天，我們和日本的交換生一起去參觀 RIPAS 醫院的時候偶遇林醫生，得知我們是中國志願者，她非常興奮。原來，她也認識上一期來文萊的中國志願者！之後，她擔心我們不習

慣這邊的飲食，有時會特意給我們送來她親手烹製的美味的中餐，或邀請我們去她家做客。我們每個人都非常感激她的照顧。通過她的介紹，我們還認識了很多當地的華人，他們都非常熱情好客，不僅邀請我們到家裡做客，還帶我們到文萊不同的地方遊玩，讓我們對這個國家有更多的了解。

熱心公益——出錢出力

在文萊的一年裡，我們積極參與各種類型的公益活動，也主辦了一些公益活動，可謂出錢又出力。二〇一五年十一月八日，我們參加了文萊的「粉紅絲帶」活動——為乳腺癌研究機構籌款的大型活動。除了捐款，我們還和乳腺癌患者一起跳了近兩個小時的健康舞，鼓勵她們勇敢面對疾病，積極面對人生。十一月十一日，我們響應文萊大學的號召，在校園裡推廣健康運動，鼓勵同學們多參與體育活動，積極支持校園健康長跑活動，和師生們一起繞著學校慢跑。十一月十五日世界糖尿病日，在 The Mall 糖尿病知識大型健康宣講活動現場，我們帶領觀眾一起跳健康舞，倡導運動和健康生活。同月二十二日，我們參與了文萊華光慈善總會舉行的慈善步行活動，共向華光慈善會捐款二百五十文幣，用於救助困難群眾。

二〇一六年二月，在中國傳統節日元宵節前夕，我們的隊員首次來到文萊的特殊學校 Pusat

Ehsan Centre，和學員們一起學習，一起做湯圓、玩遊戲、唱歌跳舞。之後，我們將這個活動變成一個固定的服務項目，每兩週一次到該校開展志願服務，和學員們一起打太極，教他們畫臉譜和剪紙。

通過參與各項慈善活動，我們讓更多的文萊人了解了中國志願服務隊這個團隊，同時也真正走到他們身邊，和他們在一起。

傳播中國文化 —— 雅俗共賞

二〇一六年三月，我們在文萊大學和語言中心合作舉辦「語言文化週」。我們申請了兩個攤位，分別用於展示中國志願服務和中國傳統文化。開幕式上，我們聯合當地的太極愛好者一起表演了太極拳。另外，我們還設置了傳統茶藝展示、剪紙技藝教授、京劇臉譜製作、中國畫創作和筷子比賽等項目，邀請觀眾一同參加。同學們積極參與線上中文問答比賽、畫京劇臉譜、趣味剪紙和寫中文名字等活動，我們的攤位前總是熱鬧非凡。

三月底，東盟東部增長區文化展在 Airport Mall 開幕，我們也申請了一個攤位，以「中國——文明之國」為主題。本次展示分為三大板塊，分別是「傳統藝術——剪紙」、「志願文化——在文萊志願服務點滴」和互動區域。我們以極具嶺南民俗文化特色的佛山民間剪紙為主線，輔以中國水墨畫，向觀眾展示中國古代的民俗文化和傳統藝術；製作了

精美的照片牆，展示援文萊志願服務隊這一年來的工作情況；還有豐富多彩的互動區域，讓遊客體驗中國文化的博大精深。開幕式當天，文萊初級資源與旅遊部部長阿里在中國駐文萊大使楊健的陪同下到我們的攤位參觀，詳細了解中國志願者這一年在文萊開展服務的情況，並體驗了中國書法。阿里部長對我們的攤位讚不絕口。

媒體報導——廣而告之

我們團隊的活動，得到了文萊社會各界以及媒體的廣泛關注。我們剛來到文萊大學的時候，校報就刊出了我們團隊到學校開展志願服務的消息。其後，當地報紙對我們參加慈善活動的情況和在特殊學校 Pusat Ehsan Centre 的志願服務，以及參與東盟東部增長區文化展的消息等都作了報導。

二〇一五年底，我們獲邀到文萊的中文電台錄

二〇一六年三月三十日，「東盟東部增長區之韻——美食與文化」展銷會在文萊開幕，中國第二期援文志願者展示了其在文開展的教學、慈善救助等活動，並展銷中國特色手工藝品。圖為中國駐文萊大使楊健（中）陪同文萊初級資源與旅遊部長拿督阿里參觀中國志願者展位。

製新春特別節目。節目中，除了向聽眾介紹我們團隊的基本情況，我們還介紹了中國過年的傳統風俗。據說有很多華人收聽了本期節目。後來，電台的主播再次聯繫我們，希望我們在項目結束回國前再錄一期，以期利用這個平台讓聽眾更多地了解中國。

隊員活動——凝聚你我

我們的團隊是一支團結且富有行動力的團隊。工作之餘，我們也熱衷於旅行，去了解這個神祕的國度。我們曾經乘坐小船，在船長的帶領下經過水村，進入文萊的紅樹林，去看鱷魚和當地特有的動物長鼻猴。船長還特意走到岸邊，給我們抓了一條約半米長的小鱷魚，讓我們觸摸。這讓不少隊員感到非常有趣。我們還曾經到訪「邊遠」小鎮馬來奕，也曾遊覽淡布隆的國家公園——那裡是世界上保存最完整的熱帶雨林之一。

在中秋和春節，我們全隊的志願者聚在一起歡慶佳節，雖然無法和家人團聚，但這個團隊也是我們的家。每逢隊員過生日，我們也都會一起慶祝。我相信，對於我們每個人來說，在異國他鄉過生日，都會是一次難忘的體驗。

青春與激情、光榮與夢想，這是對我們團隊最好的詮釋。在將近一年的志願服務中，我們真真正正地成為中國對外友好的使者、中文兩國人民友好交往的橋樑。

二〇一六，我在文萊教漢語

張　靜

（援文萊青年志願者）

　　二〇一六年一月二十五號，一個非常難忘的日子，我第一次離開祖國，第一次沒有戀戀不捨。一張機票、一個旅行箱，我從遙遠的中國中部飛到了文萊，我人生的很多第一次都將從這裡開始書寫。

　　作為漢語國際教育專業的學生，出國教漢語好像是我們的最終歸宿，聽起來也比較理所當然。從二〇〇四年至今，中國孔子學院總部（國家漢辦）已經在一百三十四個國家和地區建立了五百多所孔子學院和一千多個孔子課堂，學員總數達一百九十萬人之多。漢語教學正在蓬勃發展，漢語也在世界各地受到了越來越多的歡迎。每年，孔子學院總部都會在全國各地開展大型的志願者選拔活動。十餘年來，一批又一批的優秀漢語志願者教師奔赴世界各地，為漢語教學添磚加瓦。能夠從眾多的優秀教師中被選派到文萊，本身就是一種幸運和緣分。

文萊初探——一個美麗祥和的東南亞國家

　　我對文萊的認識大概也只有三年前志願者招募

簡章上的一瞥，很多人可能都是第一次聽說這個國家的名字。那麼，現在讓文萊納入到我們的認識版圖中來。一月二十五日下午六點鐘，飛機徐徐降落。此刻的我正帶著趕機的疲憊，在飛機上昏昏沉沉、半睡半醒。大片的椰林和耀眼的清真寺金頂把我從這種狀態中喚醒。我第一次看到成朵成朵的白雲離我是那麼的近，好像伸手就可以觸碰到一樣。別具東南亞風情的建築和湛藍多彩的天空融為一體，眼前的景色美得似乎有些不真實。

出了機場，我們便見到了親切友好的方校長。我印象中的校長應該是不苟言笑、非常嚴厲的人，而她則是一位身材小巧、面帶慈祥笑容的女性，和我的想像完全相反。從首都到我們任教的馬來奕中華中學大概有一個半小時的車程，校長親自駕車載我們回去，一路上為我們介紹途經的各個縣市，讓我們第一次感受到異國他鄉的溫暖。

回到馬來奕，已經是晚上九點鐘了，校長請我們吃了飯，把我們暫時安頓在了教師公寓。我們一天的奔波勞累隨著這安靜的城市慢慢沉靜下來，一點點釋放。透過窗簾，可以看到外面星星點點柔和的燈光，眼前的這座城市帶著未知的神祕和讓人安心的祥和，正向我們緩緩走來。

職場菜鳥遇見熱情善良的同事

初來乍到，我一頓手忙腳亂，看到擺在桌子上

的課表，更是陷入了無限的迷茫之中。中文組的工作比較繁忙，同事們都各自忙碌著。組長好像看出了我的茫然，趕快放下手上的作業，幫我詳細地解釋了課表的內容，並帶我去看我上課的每一間教室。旁邊來自台灣的老師更是友善地陪我完成了和一年級學生的第一次見面。

文萊的公共交通不發達，基本上家家都有好幾輛車，所以出行對我們來說很不方便。老師們很細心地察覺到我們的不便，主動邀請並載我們去大點的超市購買生活用品，還熱情地為我們介紹哪些東西好吃、哪些東西好用。結束一天的繁忙工作，其實老師們個個還都是廚藝高手，她們經常給我們送一些自己做的點心和當地的特色美食。當然，我們也會笨手笨腳地包餃子，讓他們體驗一下不同的美食文化。

回首過去的三個多月，可以說，如果沒有善良熱情的文萊同事，我不可能很快適應這裡的工作和生活。

語言拉近人與人之間的距離

辦公室是一個大熔爐，這裡匯聚著不同國家的老師，在這裡，你可以聽到各種語言的交流。剛來的時候，面對這樣的語言環境，我顯得手足無措。但是，微笑是世界上最美的語言。即使我們說著對方互相聽不懂的語言，一個微笑就足以包含所有美

好的表達。談到這裡，我要分享一個馬來老師的故事，是她讓我第一次真切地感受到語言是人類最偉大的創造。

和我搭班的馬來老師是一個溫柔善良的人，她甜美的笑容給我留下了深刻的印象。我們經常在換班的時候碰面，但是大部分時間也只能簡單地打一聲招呼。即便只是簡單地打招呼，久而久之，我們也變得熟絡起來。有一次，我們在食堂遇到。食堂賣飯的阿姨來自印尼，只會講馬來語，剛好我在國內培訓的時候學習了一些馬來語，就開始用簡單的馬來語努力地和阿姨交流。聽到一個中國人口中講出馬來語，馬來老師瞪大眼睛，豎起大拇指對我說：「老師，你很厲害。」我想，這一刻，我們同時感受到了語言帶給我們的衝擊力。馬來老師口中的中文和我口中的馬來文雖然不太地道，但是我們正在為走近彼此作出努力。自此，我們見面都會主動用對方的語言交流。

轉眼幾個月過去了，一次偶然的機會，我又發現了馬來老師一個美好的小祕密。一次我提前進班級整理作業，發現她正在一個華人學生的指導下很認真地寫著橫、豎、撇、捺。不得不說，她不僅是一位很敬業的老師，還是一個非常好學的「學生」。從馬來老師身上，我看到了馬來人所有的善良與美好。

我的學生──惡魔與天使的混合體

　　我的學生從一到八年級都有，記住每一個學生的名字是我走近學生的第一步。在短時間內記住他們長長的名字，是一項大工程，也是我順利開展教學的途徑。除了努力去上好每一堂中文課，課下我還會翻出點名冊一遍一遍地溫習，並在腦海裡努力匹配每個人的信息。

　　記住名字只是一個開始，能夠牢牢地掌控住這群「小惡魔」，也需要耗費更多的精力。一週下來，我發現漢語教學並不像想像中的那麼容易，精心準備的課程收到的效果也常常令人不滿意。小惡魔們時不時還會在課堂上給你製造一些「驚喜」。他們好像有講不完的悄悄話，有畫不完的畫，任你在講台前激情澎湃，他們的思想總是飄忽窗外。為了吸引他們的注意力，我開始致力於研究各種課堂小遊戲。

　　經過反覆的實踐，我總會找到幾個他們特別鍾情並且樂此不疲的小遊戲。除去孩子的頑皮，其實他們都是披著惡魔外衣的小小天使。他們會為贏得一場小比賽歡呼雀躍。他們會為老師一句小小的讚揚，甚至和老師的一次商場偶遇開心幸福很久。他們還總是能遠遠地在人群中一眼認出你，熱情地向你揮舞小手。他們的大腦裡有一堆可愛的問題。他們對冬天的大雪充滿無窮的好奇，他們有無限的精力探索熊貓的祕密。他們把參觀中國名勝古蹟的願

望默默地埋入心底，總是問我什麼時間可以相約同往。他們是惡魔與天使的混合體。他們會在課堂上調皮，也會用馬來禮儀親吻你的手說「老師，我愛你」。每當我感到失望難過的時候，他們一個微笑、一句簡單的問候，就足以讓所有的消極情緒土崩瓦解，讓我瞬間充滿動力。

我想這大概是所有老師都有的一種體驗。學生的話語，是醫治老師的一劑良藥；老師的話語，是學生動力的源泉。所以，我們從不吝嗇自己讚美的語言。

豐富多彩的校園文化生活

不一樣的春節

二〇一六年的春節，第一次離開家人，沒有春晚、沒有團圓，我體驗了不一樣的中國新年。新春團拜那天，我看了人生中最精彩的一場表演。平時穿著整齊校服出現在你面前的小身影，現在都變成了舞台上閃動的小精靈。鑼鼓喧天，「幾頭可愛的小獅子」蹦著跳著跑進禮堂，為大家剝柑送祝福。音樂聲起，身著武術服裝的學生們舞刀舞劍，為大家呈現各種精彩表演。一支中國傳統舞蹈《春天》把節日的氣氛推向高潮。現場的熱鬧氣氛本應讓人感到喜悅，但我卻在人群中一次次濕了眼眶。我被學生精彩的表演所感動，我為中國文化在華人中的

延續和傳承感到驕傲和自豪。

文化營──中華文化尋根之旅

三月十八日是我在文萊的第一個假期，也是假期文化營開幕的第一天。這一天，我們迎來了中國暨南大學的十四位老師，他們為我們展示了舞蹈、腰鼓、豎笛、歌唱等才藝，還帶來了許多書畫、草編、泥塑作品。上午的開幕式結束之後，文化營的體驗活動就緊鑼密鼓地展開了。

我帶領的七年級學生學習的第一個項目是一支藏族舞蹈。教學經驗豐富、風格幽默的舞蹈老師把複雜的舞蹈動作巧妙地分解開來，讓學生們更好吸收理解。兩個小時的舞蹈練習，學生們努力地跟著老師的節奏盡量把每一個動做作完美，沒有人喊累，沒有人休息。班裡的男生們好像對龍獅更感興趣，放學後還站在龍獅教室外久久不願離開。第二天，終於輪到我們上龍獅課，男孩們也顯得異常活躍。龍獅老師詳細地講解了北方獅和南方獅的區別，以及潮汕獅和佛山獅的不同，這才讓我們明白，原來看上去並無差別的獅子包含了那麼多學問。教完基本動作之後，同學們終於如願以償套上獅頭體驗了一把舞獅的樂趣。好靜的女生們則更喜歡泥塑課。走進泥塑教室，唐僧師徒、三國英雄、可愛的哪吒都栩栩如生地展現在我們面前。學生們不由得發出一聲聲的感嘆。由於時間有限，大家一致選取了代表文化大樂園的熊貓作為我們要學習的

作品。泥塑老師詳細地為我們展示每一個步驟的做法。只見白的、黑的、紅的、黃的麵糰在老師手裡變幻出各種形狀。不一會兒，一隻可愛的文化小使者——熊貓便像變戲法一樣出現在老師的手中。視角轉回我的學生們，他們此時正在交流自己的作品，學生們的熊貓表情豐富、形態各異。這是他們第一次感受到中國泥塑的魅力。

三月二十五日，文化營的活動接近尾聲。學生們要進入最後的集訓階段，我帶領的班級要進行藏族舞的匯報演出。幾天下來，學生們已經漸現疲態。但是接到匯報演出的任務之後，學生們顯然還比較興奮。兩天的集訓，舞蹈老師根據學生的情況精心地編排動作，學生們也非常認真地一遍一遍練習。中午，學生們還特意約好了留下來練習，他們有人負責放音樂，有人負責喊節拍，對著舞蹈室的鏡子不斷地互相糾正動作。十天的文化營生活飛逝，轉眼到了匯報演出的日子。三月二十七日這天，所有的負責老師起了個大早。整理完閉幕式的資料，我便趕往教室清點學生的舞蹈服裝。打開舞蹈室的那一瞬間，我被學生們的認真驚住了，十七名學生全部佩戴整齊，正在練習。藏族舞是閉幕式的最後一個節目，我告訴學生可以先稍作休息，但是他們一直堅持練到最後，沒有休息。

閉幕式節目精彩紛呈。開場一支《鼓耀中華》腰鼓表演和《龍騰獅躍》舞龍表演帶動了全場的氣氛。接著，一曲甜美的笛聲合奏《茉莉花》在禮堂

迴響。整齊的功夫扇和武術拳，還有讓人賞心悅目的中國古典舞《愛蓮》，引得現場掌聲不斷。兩個小時的閉幕演出，學生們演繹了一個又一個經典。最後，一曲集體大合唱《相親相愛》結束了這次文化尋根之旅。

文化尋根之旅結束了，但我們的故事還在繼續。雖然我的第一個假期沒有休息，但是能夠和學生們一起參加這麼一次意義非凡的文化行，我還是覺得很慶幸。

來文萊的第一百零一天，希望飛逝的時光不留遺憾

提起筆寫這段文字的時候，已經是我來文萊的第一百零一天。我在文萊的任期轉眼即將過半，回首過去的時間，我在這裡努力著、感動著。從剛來的手足無措到現在的得心應手，我要感恩所有給予我幫助的人、所有給予我陪伴的人。前方的道路已經鋪展開來，沒有華麗的文字，沒有宏偉的展望。我只想一步一個腳印，像所有的漢語教師一樣備好每一堂課，上好每一堂課，找到更多的方法讓學生可以學得輕鬆快樂。

這裡的故事還在繼續，而我們也從未停下前進的腳步。願青春不留白，願不辜負這飛逝的時光。

我在文萊的故事

朱琳珊

（文萊中華中學音樂老師）

二〇一五年，我在文萊中華中學教華文。

四月，中華大樂園表演

初到文萊，我就被這邊的工作氛圍所吸引。文萊華校對中華傳統文化的傳承和發揚做得很好，舞龍舞獅、中國民間剪紙、燈籠、毛筆字等都在文萊中華中學的藝術活動中有所展現。在四月的中華大樂園活動中，我有被文中教師的敬業精神感染到，有被文中孩子的伶俐又守紀吸引到，有被中國僑辦使團的才藝震驚到。一週的訓練，每天從七點半到中午一點半，大夥各司其職，緊密配合，完成彩排。表演當天，各國使節都要來觀看展覽和演出，每個細節都不能出錯，要求六點半就到位。我這顆快樂的小螺絲釘將再次見證文中速度和素養！

真的很佩服這些老師和學生們。在中華大樂園學習的學生們全部是零基礎，一個星期的時間內，在所有導師的指導下，了解學習中國文化：聲樂、民樂、武術、民間舞蹈、書法、國畫、剪紙、手工

朱琳珊與文萊小朋友合影。

等等。這次中華文化大樂園活動，將中國的民族文化傳揚四海，光耀文萊！

五月，文萊兒童節表演

除擔任二、三年級三個班的中文教學工作外，我還參與幼兒園的歌唱教學。在五月的兒童節表演中，我打造了一支幼兒園合唱隊。表演中，孩子們用中文、英文、馬來文分別演唱三首歌曲，得到了大家的一致好評。

五月，三語月活動表演

三語月活動是文萊中華中學每年都會舉行的表演活動。作為華校的一項大型表演活動，用三種語言展示歌舞、語言類節目，豐富了學生的校內生活，促進了各國各民族之間的文化交流。

華文教學的心得和收穫

在文萊中華中學，學校安排我教華文，我用學習與成長的心態從事這項工作，在適應和融入新環境的工作生活後，慢慢地得到學生的喜愛和家長的認可。有一天，二年級紫班有兩個學生沒有來上學。第二天，她們主動跑到我辦公室來找我補聽寫。三年級紫班有個馬來學生華文成績不是很好，但他在聽寫本上用簡單的拼音寫道：zhu lao shi wo

ai ni（朱老師，我愛你）！我想，這和老師平時上課的言傳身教以及鼓勵她們學好華文，並且用小禮品獎勵學生們在考試中取得好成績，等等，是分不開的吧！

在文中，我切身體會到學校對華文教學的重視。讓文萊的華人學好華文，讓更多的友族孩子和家長們了解華文、了解中華文化，這是華校的宗旨和職責。我為此感到光榮！

二〇一六年，這一年我在文中教音樂。

二月十八日，文萊武術協會新春團拜會上，我為大家演唱了中國四川的地方曲藝——四川清音

《趕花會》，引來文萊武術界朋友的陣陣掌聲。這首具有濃郁四川地方特色的歌曲，充分融入了四川地方的特色文化、人文風俗、小吃美景，用方言來演唱，更具有特色唱腔，其中的哈哈腔更是清脆動聽。我希望通過這種傳播和推廣，讓更多的華人華僑甚至外國友人了解四川清音，知道四川清音，讓我們中國的民族文化有更好的傳承。

在小學的課外活動中，我不僅給小朋友們帶來四川清音《趕花會》，讓他們欣賞中國地方的特色曲藝，了解中國多元的音樂文化，還教他們打檀板、敲竹筒、唱清音。再加上變臉、吐火這兩種四川絕活的欣賞，文萊小朋友覺得太神奇了，這些充分滿足了他們的好奇心。

接下來，還有很充實的工作和生活。每天和小朋友一起唱歌跳舞，我覺得自己很年輕和開心。很期待合唱團的表演和舞蹈比賽的展現。加油，每一天！

印象 **篇**

溫馨難忘的回憶

——辛卯年在文萊過春節

張金鳳

（中國前駐文萊大使閔永年夫人，前駐柬埔寨大使）

二〇一一年二月，金虎辭舊歲，玉兔迎新春。我隨丈夫閔永年大使來文萊工作後，第一次在伊斯蘭國家過中華民族的傳統新年——春節，留下了溫馨難忘的記憶。在文萊過春節，可不像在國內只有七天「黃金週」，可以延續小一個月呢。而且活動那麼豐富多彩，一切都是那麼美好和諧，給我這個初到伊斯蘭國家工作的人帶來不少驚喜和快樂！

華人過春節，全國同慶賀

中國傳統新年給以馬來民族為主體的文萊達魯薩蘭國帶來了濃郁的節日氣氛。各大購物中心和商場為顧客準備了充足的年貨，從節日吉祥物、傳統生肖到瓜子花生、糖果柿餅，應有盡有。大型商場內，各色綵燈交相輝映，紅燈籠高高懸掛，迎新年、賀新春的中文歌曲喜氣洋洋，把春節的氣息帶到每一個角落。隨處可見「恭喜發財」「大吉大利」等標語，到處都是採購年貨的人，不僅華人華僑，

當地馬來族也扶老攜幼到商場和超市選購中國年貨。

除夕之夜，首都斯里巴加灣市的商店、學校、民居等建築都披上了節日的盛裝，到處張燈結綵，鞭炮齊鳴，打破了昔日的寧靜，絢麗的禮花照亮了清澈的天空。使館的同事們聚會在大使官邸，包餃子、看春晚、猜燈謎，思家的愁緒隨著歌聲飄走了。當新年午夜的鐘聲響起時，大家一窩蜂地湧到院子裡，點燃禮花和鞭炮。鞭炮聲此起彼伏，響成了一片，讓使館的大人孩子們足足過了一把癮！我當時還很擔心這樣大的動靜會不會影響到鄰居休息。在使館工作的馬來朋友告訴我，不用擔心，我們的鄰居正在快樂地接受中國大使館的新年祝福呢！

大年初一，文萊全國放假一天，最開心的就是學校的孩子們了，不僅不用上學，還可以從長輩那兒收到數量不菲的壓歲錢。不少華人官員和社會賢達則一大清早就「開門迎賓」，恭候前來拜年的賓客。紅紅的燈籠在晨風中搖曳，五彩的年畫映著朝霞格外喜慶。人們不分民族，男女老少，成群結隊，或著中國風格唐裝，或穿馬來傳統服裝，相互拜年，「新年快樂」「恭喜發財」的恭賀聲不絕於耳。當地華人社團、華校組織的龍獅團，每到一地，敲鑼打鼓，龍舞獅騰，拜年祝福，給家家戶戶送去歡樂和吉祥。

新春大團拜，王室齊出動

　　二月八日，時值正月初六，文萊當地歡度中國春節的活動掀起了高潮。當地華人社團在國際會議中心聯合舉辦「辛卯新春千人大團拜」活動。文萊蘇丹哈桑納爾偕王后和王儲比拉應邀出席。王室主要成員，包括蘇丹二弟、外交與貿易部長穆罕默德親王和夫人，蘇丹三弟、國家奧委會主席蘇弗裡親王和夫人，蘇丹四弟傑弗裡親王及眾多立法會、政府、軍隊高官和外國使節也應邀出席，同當地華人、華僑共同歡度中華民族的傳統新年。聽使館同事介紹說，文萊華人社團新春大團拜開始於二〇〇六年，是文萊華人社團一年裡規模最大、最重要的活動，旨在展示華人社會對蘇丹和王室成員的效忠，並聯絡官民感情，加強華人社團之間的聯繫。今年是蘇丹和王室成員連續第六次參加華人社團春節大團拜。

　　國際會議中心以中國傳統文化元素裝飾一新。會場四周和入口通道高掛紅色燈籠，會場正中背景板兩側是大大的「春」字和「福」字，營造出一派吉祥喜慶的節日氣氛。國際會議中心內人頭攢動、摩肩接踵。蘇丹陛下和王后身著馬來傳統服裝，滿面笑容，輕鬆愉快，不停地同參加團拜的嘉賓相互交談，時而品嚐中國美食，時而駐足觀賞當地華校學生表演的中國武術和傳統舞蹈划龍舟、紅燈籠、綵綢舞等，還饒有興趣地參觀了揮春（寫春聯）、

剪紙、包春捲、包粽子等華人民俗表演，並同演出人員逐一握手表示感謝。現場掌聲不斷，洋溢著民族和諧、舉國同慶的歡樂氣氛。

我和中國駐文萊使館的同事隨閔永年大使應邀出席了「辛卯新春千人大團拜」活動。蘇丹陛下和王后看見閔永年大使，快步走過來親切握手。蘇丹熱情讚揚中國發展迅速，令人欽羨，祝願兩國睦鄰友好合作關係在文中建交二十週年之際邁上新台階！大使秘書朱琳眼疾手快，為我們拍下了一張難得的合影。

閔永年大使在現場還接受了當地媒體的採訪，

文萊蘇丹哈桑納爾參加「辛卯新年華人大團拜」活動。

也讚揚文萊社會安定、民族和諧，祝願中文兩國和各國人民共同建設更加美好的和諧世界。

開門迎貴客，登門送祝福

在文萊過春節，最有特色的要數「開門迎賓」了。華人家庭打開門戶，歡迎左鄰右舍、親朋好友登門賀年，互致問候。主人要提供流水席般的美食供應，當然，少不了象徵「大吉大利」的柑橘，客人都要嘗嘗，或者帶一兩個回家，討個吉利。不同種族的人都在不停地趕場，無論相識還是不相識，春節時都可以到華人家裡做客，熱鬧一番，而且一天要跑上好幾家。主人一般都要給小孩子壓歲錢，但是給馬來族小孩的壓歲錢包裝是綠色的，所以不叫「紅包」，而叫「綠包」。其實，這種「開門迎賓」的習俗，原本是馬來人慶祝開齋節的傳統。後來，

文萊當地華人借鑑了這套習俗，在中國農曆新年時回饋馬來族朋友，讓春節走進了穆斯林的生活。

從大年初一開始到元宵節結束，閔永年大使按慣例在官邸舉辦「開門迎賓」活動。我和使館的女同志們到商店精心挑選了桃枝、臘梅、對聯和綵帶，把不大的官邸裝扮得既喜慶又溫馨，滿懷喜悅地迎候嘉賓。中國的親密朋友、文萊外交與貿易部無任所大使瑪斯娜公主和丈夫阿齊茲親王帶著一大群官員和侍從來官邸拜年，閔大使和我熱情接待，大家回憶起在中國訪問時的趣事，樂不可支，歡聲笑語不絕於耳。

閔大使在完成日常工作的同時，還要安排時間，帶領使館主要外交官前往當地多家華人領袖、社會賢達府邸登門拜年，帶去中國人民對海外華人同胞的親切問候和新年祝福，感謝文萊社會各界對中國和中國駐文萊大使館的支持，共同祝福中文兩

閔永年大使和比拉王儲及王儲妃在華人團拜會上合影。

國和平穩定、繁榮昌盛，人民安居樂業、幸福安康！

在當地華人領袖佩欣吳景進家中，我們和眾多賓客一起觀賞了春意盎然、競相怒放的蘭花，濃郁的中華文化氣息使我們流連忘返。如果在北京，我們也難得過上這麼有味道的新年呢。在吳先生家中逗留時，我們還邂逅了他的侄子、文萊影視明星吳尊，他在上海開了健身館，最近趕回家來和親友一起過年。幾位同行的年輕姑娘欣喜異常，抓緊時間和偶像合影。

閔永年大使還前往文萊華和百貨的創始人劉老先生官邸拜年。老先生雖八十高齡，仍思維清晰，聲音洪亮，對文萊華人的歷史變遷娓娓道來，並特別強調，辦華校、教華文、說華語，是傳承中華傳

瑪斯娜公主夫婦來到中國大使官邸參加「開門迎賓」活動。

英國駐文萊大使一家身著唐裝來中國使館拜年。

統文化的重要途徑。劉老還意味深長地說，文萊蘇丹重視華人社會及其對國家發展的作用，華人社會要珍視「皇上的恩典」。

禮佛祈福，騰雲殿內香火旺

騰雲殿是文萊華人唯一進香禮佛的廟宇。每逢初一、十五或者佛教節日，當地華人華僑都要到這裡進香禮佛，祈求佛祖保佑平安。農曆新年初一、初二，當地華人社團競相到騰雲殿前舞龍舞獅，一派喜氣洋洋的節日氣氛，吸引眾多當地民眾和外國遊客駐足觀看、拍照留念。我也曾有幸應邀參加過此類活動。

騰雲殿規模不大，位於文萊首都最繁華的地段，距今已有八十多年的歷史。整座寺廟以紅色為

主調，從對稱格局和祥雲圖案等元素看，處處體現著佛教特色。根據早期善男信女建寺募捐徵信錄遺存的一塊破碎木刻記載，該廟宇始建於一九一八年六月二十三日，次年農曆五月初五落成。第二次世界大戰期間，廟宇四周被戰火夷為平地，但廟宇房屋沒有受到破壞，頑強屹立在殘垣碎礫中間。直到二十世紀六〇年代中葉，騰雲殿在原址上得以重建，規模更大，氣勢更宏偉。

　　文萊是東南亞地區唯一的政教合一的伊斯蘭國家，伊斯蘭化程度很高，尤其在社會生活方面，伊斯蘭教規幾乎成了生活的準則。我曾在媒體上看到這樣一則消息：二〇一五年十二月，文萊蘇丹發布詔令稱，因為可能會「影響穆斯林的信仰」，禁止文萊穆斯林公開舉辦聖誕節活動，否則將面臨最高五年的監禁。比較而言，蘇丹和王室對華人社會都表示了充分的友好和包容，這固然離不開中文兩國友好交往歷史的影響，但更是體現了文萊蘇丹對華人民族融合和包容共生理念的認可。「國之親在於民相近」，祈願中文兩國和兩國人民永遠和睦友好，做大小國家互相尊重、平等相處的典範！

開門迎賓，歡度新春

潘正秀

（中國前駐文萊使館參贊）

　　旅居文萊的華人在歡度中國春節時，有個「開門迎賓」（Open-House）的傳統。我們在文萊建館後，也入鄉隨俗，自一九九五年起，春節期間有一天大使官邸大開門戶，迎接八方賓客上門拜年，共度新春佳節。參照當地華人的做法，使館幾位有美術特長的同志刻意把官邸裝飾打扮一番：正門前與大廳內掛上大紅燈籠，裝上綵燈，貼上對聯與各種彩飾，喜氣洋洋。對聯和彩飾當地市場都有賣的，可以隨便挑選。

　　我在外交生涯中走過四個駐外使館，在國外共度過了十五六個年頭。不管走到哪個使館，每逢新春佳節，根據使館的安排及我們的興趣都要布置一番，以增添節日的氣氛。在駐外使館過年，不同程度都有點活動，一般有內部聚餐，大家一起包餃子、開聯歡會，俱樂部會組織一兩次外出旅遊，在首都市內或到外地。不過，我們那個年代都是當日回使館，不在外地住宿。

　　華人較多的東南亞國家對中國傳統的春節比較重視，一些大老闆有時出面操辦上千人參加的大聚

餐,主要是宴請華人,也有各界朋友。同時,請專
業藝術團演出助興或請華人中的菁英獻技獻藝,使
館外交官一般應邀參加。使館內部是由俱樂部的牽
頭人出面組織活動,一般是自娛自樂性質的,有文
娛天資的自願上台唱歌跳舞,有幽默細胞的還會自
己編個段子,大模大樣地上台表演,逗得大家捧腹
大笑。但國內有老人和孩子的也多有牽掛,那個年
代一般外交官不能帶家屬,連探親都沒條件。我是
獨生女,沒有兄弟姐妹,在國外期間,父母幫我照
顧還未成年的兩個子女。每逢佳節,我很不平靜,
因為想念父母,想念孩子。現在,中國派出的外交
官條件比我們那個年代好多了,有帶子女的,條件
好的國家子女可以在那裡上學。我們只是到最後一
任期間,子女出差和旅遊到使館去了一次。

　　文萊華人重視保留中華傳統,特別是春節期間,
相互走動很多。這個社團宴請,那個家族聚會,一
般都要邀請使館外交官,特別是我們夫婦活動很
多。首先是華人社會領軍人物之一洪瑞泉先生,在
文萊華社是既慷慨出錢,又踴躍出力。建館初期,
使館就設在他的旅館裡,平時一日三餐都在他的旅
館,但除夕之夜,他專門把我們全館人員請到他的
私宅,與他的家人共享年夜飯。他說,為什麼要讓
我們到他家去,是為了讓我們有「家的感覺」。這
樣的年夜飯,是我在國外過春節唯一的一次。

　　每年春節,文萊華人最大的組織「中華商會」
總要操辦一場幾十桌的聚會,還有文娛節目表演。

演員多半是華校學生，華人中的業餘歌星、港台歌星在文萊趕場走動的也不少。文萊當地華人的頭面人物劉小源與洪瑞泉是好朋友，彼此性格相近，實力相當。每年春節，他都要把我們夫婦連帶使館人員一併請到盛產石油的詩里亞，一般在他們自家的餐館舉行聚會。他的父母、家人和至親好友都會出席。他們全家是虔誠的佛教徒，老人善良，小源先生更是孝子，對二老照顧得很好。我們每年去看兩位老人，他們都滿面紅光，不胖不瘦，而且多年變化不大。

文萊使館建館時的辦公樓是租愛國華人許和順先生的，這座房舍的布局對我們新建一個小型使館非常合適。房東的父母是很和善的老華僑，使館進駐後，老人交代兒子：「盼星星盼月亮，把中國大使館盼來了。租了我們的房子是我們的榮譽，房租多少不要計較。」可是天有不測之風雲，幾年後，使館辦公樓後山坡發生塌方，殃及辦公樓。使館不得不搬遷。當我們把這個消息通知房東時，房東夫人難過得掉下了眼淚，她抓著我的手說：「大使夫人，我們這個房子租給使館絕不是為了賺錢。」完了她又換了口氣，叫我「潘大姐」，我聽後很高興，立馬回應：「你以後，就這樣叫我。」她接著說：「使館在我家時，你知道我臉上多榮光啊！」我根據當地的習慣叫她「許太」，說：「我知道你們許家一家是忠厚老實人。使館租了你們家的房子後，你們給使館提供了大量的幫助和方便，我們感

激不盡。使館在不在這裡，你們臉上同樣都是榮光的。」

許和順的哥哥許和傑在僑社也是頗有作為與貢獻的人物。我印象最深的是中文建交十五週年時，文萊一中國友好協會邀請我們夫婦訪問文萊，瑪斯娜公主殿下招待我們住在六星級的帝國飯店。一個晚上，他專門到帝國飯店請我們夫婦吃飯，飯後還與我們在飯店海邊的大花園轉了一個大圈，知心話不知說了多少。而這些，我們在那裡任期四年多都沒有機會說的。我現在想，在文萊一任四年多不算短了，但是有的工作還是不深入。有的人想與我們聊聊天，說句心裡話，都沒時間。我想，許和傑先生專門到帝國飯店來宴請我們，其中穿插這次聊天也是他精心安排的。在文萊華人中，有說許和傑是諸葛亮式的人物，看來不假。

文萊王室人員過去很少到華人家裡拜年，一般也不出席駐文萊使節的官邸活動。我先生出使文萊第一年的春節，我們沒敢邀請王室人員。但一九九六年中國春節正好與文萊開齋節和國慶節鄰近，文萊人說，這年是「三喜臨門」，節日氣氛特別濃厚。於是，使館決定當年我們的「開門迎賓」規模搞得大一點，邀請的人比上一年級別提高、人數增多。考慮到一九九五年世婦會期間文萊外交部長夫人札瑞婭殿下曾破例接受邀請，出席了我的茶會，大使想試著邀請一下別的王室人員。我與文萊蘇丹御妹、外交部無任所大使瑪斯娜公主殿下的家庭禮

賓官達丁・西蒙是朋友，事先，我向西蒙女士試探，如果我們有什麼活動邀請瑪斯娜公主殿下，她是否會出席。西蒙女士說：「瑪斯娜公主是位很隨和的人，如果她沒有別的事，我想她會出席的。」我把這一情況向大使匯報後，使館決定邀請瑪斯娜公主。但是，瑪斯娜公主來不來，誰也沒把握。因為王室人員是否參加某項活動，答覆一般比較晚，而且不便於催問。我們只好等著。

當日下午，我們在餐廳擺了當地華人和馬來人均喜愛的豆沙包、芋頭角、春捲、炸雞腿、醬牛肉、龍蝦片等十來樣食品，會客廳內還備有點心等小吃，可謂豐盛。當地馬來人有帶小孩外出拜年的習慣，到了誰家一般都要給小孩「紅包」。但我們是使館，不可能給「紅包」，我們就給來拜年的小孩每人一小包蜜棗和一個橘子，祝福他們未來的生活甜甜蜜蜜、吉祥如意，這樣大人小孩皆大歡喜。上門拜年的賓客紛紛誇讚我們夫婦寓意新穎，創意獨特。

出席我們「開門迎賓」活動的客人絡繹不絕，整個客廳與門廳擠滿了人，大家談笑風生，氣氛非常融洽，我們夫婦迎客、送客忙個不停。突然，門口傳來信息，瑪斯娜公主來了！我與大使急忙趕到門口，只見公主殿下與夫婿攜兩子女真的來了。我們趕忙把公主殿下一行四人引到會客室裡面，我請公主殿下在一個放在重要位置的沙發上就座。因為聽說王室人員一般不與非王室人員並排就座，我與

大使分別坐在兩旁的沙發上。但公主連聲說：
「Come（來）！Come（來）！」讓我與她同坐一
個沙發上，然後公主夫婿坐到我的位置上。因為公
主殿下是文萊外交與貿易部部長級無任所大使，不
是一般的夫人，我本想她一定是與大使交談，我只
是坐旁邊陪襯一下，但她一直面向我坐著，我只好
主動與她寒暄。我首先歡迎公主殿下攜家人在繁忙
的開齋節應酬中撥冗出席我們夫婦的春節「開門迎
賓」活動。公主殿下說，這是她開齋節以來出席的
第一個非親屬的「開門迎賓」活動。我趕忙說，這
是我們夫婦，也是我們全館人員的莫大榮幸！我感
謝公主殿下給我們這份殊遇。大使讓招待員把食品
端到客廳，招待公主殿下及家人。她的女兒和兒子
端起盤子時，眉頭一皺，有點犯難，好像怕吃不
下，公主殿下趕忙對他們說：「如果吃不下，也要
吃一兩樣。」我理解公主殿下是在教育她的孩子，

潘正秀請瑪斯娜公主
品嚐食品。

瑪斯娜公主夫婦偕子女到中國大使官邸出席春節迎賓活動後，與劉新生大使夫婦合影留念。

完全拒絕中國大使夫婦的食品是不禮貌的。我看兩個孩子吃著吃著似乎感覺不錯，就問他們：「喜歡嗎？」他們點頭表示很好，然後興致勃勃地跟著我到餐廳又自取了一盤。殿下見此高興地說：「沒想到他們吃這麼多！」我想，這些小公主、小王子偶爾換換口味，可能也覺得新奇吧。公主殿下還就中國春節習俗等與我交談了約半小時，準備離開時，她對我說：「我該走了，要不然，你不能招待別的客人。」我笑著說：「今天下午大使給我的主要使命就是接待公主殿下。」她會意地笑了笑。

當時正在官邸出席「開門迎賓」活動的各國大使夫婦、文萊朋友和華人朋友都對文萊王室人員到中國大使官邸拜年表示驚奇，在場的新聞界朋友立

即拿出照相機，大搶鏡頭。次日，文萊發行的華文報紙在頭版顯要位置刊登了「中國大使官邸開放，陛下胞妹登門賀年」的消息和照片。幾對大使夫婦過後以羨慕的口吻對大使和我說，你們又開了個好頭（指繼邀請王室人員出席中國大使夫婦的茶會後，又一次把王室人員請到家裡）。春節期間到我們官邸賀年的還有文萊教育部長、司法部長、外交部副部長以及總理府第一、第二常秘和外交部常秘等政府高官，總計約二百人，規格之高超過使館的國慶招待會。文萊朋友除踴躍出席我館迎春活動外，在春節期間還有很多人給我們夫婦及使館寄新年賀卡，送鮮花、禮籃和馬來甜點。可見，文萊十分尊重華人習俗，重視中國的傳統節日。值得一提

劉新生大使夫婦與前來賀年的文萊外交部官員在大使官邸前合影留念。

的是，近年來，文萊蘇丹陛下率王室成員御駕親臨華社，共慶農曆新年活動，充分表明了蘇丹陛下對華社的重視和關懷。

至於華人，上門拜年的更多，而且很多華人都以能收到中國大使夫婦「開門迎賓」活動的請帖為榮。一位台胞收到了請帖，打電話來問，是否能帶他的朋友來給中國大使夫婦拜年。這種情況我們當然是表示歡迎。結果，他帶了三十多位居住在文萊的台胞來了，這些台胞第一次與大陸的外交官接觸，看到我們十分熱情地接待他們，都很感動，紛紛要求與我們合影留念。照完相後，突然有個女孩喊了我一聲「大使夫人阿姨」。我感覺很奇怪，因為以前我的家鄉來的團組曾有人這樣叫過我，沒想到台胞中現在也有人這樣稱呼我。因此，我就欣然接受。有的台胞說，他們尚未有機會回大陸旅遊區省親觀光，到了中國大使官邸，就好像回到了祖國，倍感親切。

這些在我們夫婦「開門迎賓」活動中認識的台胞，以後都成了朋友，我回國後一直同他們保持著聯繫，節日期間一般都互相發個賀卡，送去溫馨的問候。每年的旅遊旺季，他們中總會有人到國內旅遊。少數上門敘談，我們都在家附近找個餐館，請他們品嘗一下國內的美食。叫我「大使夫人阿姨」的那位女孩也來了，見了我，她還是那麼叫我。我含笑對她說，現在可以減少兩個字，就叫「阿姨」，不用再帶「大使」了。大家哈哈大笑，不過

仍然堅持：「我們還要叫『大使夫人阿姨』。」多數台胞後來沒有再見面，但他們中有的人不時會打個電話，問候平安，喜告家庭情況。就這樣，我已很滿足了，畢竟我們只是一面之交。不過，我們同是炎黃子孫啊！我們血管裡流淌的是一樣的血，我們同樣是黃皮膚、黑頭髮。這就是我們一見如故的根。

在文萊交的這些朋友，不管是高官也好，富賈也好，平民百姓也好，我都看作誠摯的益友，會永遠銘刻在心。有幸認識他們是我的幸運，也是我永恆的財富。

一次不尋常的茶會

潘正秀

（中國前駐文萊使館參贊）

一九九五年九月四日至十五日，第四次世界婦女大會在北京召開，引起全世界的廣泛關注。八月下旬開始，文萊電台中文部和華文報紙陸續要求就婦女大會召開問題採訪我，在對外活動中也不斷有人問起婦女大會的有關情況。正好這時，國內又寄來幾盤有關世婦會的錄像帶，我突然萌發一個念頭——舉行一場茶會介紹一下這次大會。我的想法得到使館領導的批准和其他夫人的支持。考慮到這次婦女大會是一場世紀之交召開的歷史盛會，我想這次茶會邀請的級別要高一點，規模要搞得大一點。文萊王室人員一般只作為主賓出席東盟國家駐文使節的國慶招待會，從未到其他國家駐文使節官邸出席過活動，但這也只是個慣例，並沒有明文規定。迎接世婦會召開，是一件國際性的大事，不同於一般性的夫人茶會。因此，我建議嘗試邀請一下王室人員。我們首先向文萊外交部長夫人札瑞婭殿下及蘇丹御妹瑪斯娜公主殿下兩位王室人員發了請帖。文外交部收到請帖後非常重視，幾次打電話來了解活動的內容、方式、邀請範圍、誰是茶會主賓

及有無講話等，我們都一一作了回答。但這兩位王室人員能否出席，或是其中一位出席，還是兩位都不能出席，遲遲定不下來，弄得我惴惴不安。因為王室人員來與不來，從安排與準備上有很大的不同。經我們一再催問，得知瑪斯娜公主不能來，而茶會當天上午，文外交部禮賓司才來電話告，外交部長夫人也不能來，這下我心裡倒是踏實了。

我趕快把講話稿中有關歡迎王室人員的部分去掉，一切按沒有王室人員出席作準備。但上午十一點四十五分，文外交部禮賓司突然來電話說，外交部長夫人還是要來出席大使夫人的茶會。這下使館可緊張了，大使立即召開會議作緊急部署：通知電視台與報界、修改我的講話稿、調整食品、增加專門為殿下服務的招待員、會客室內專辟一塊地方供殿下落座、看錄像要為殿下備專門的椅子、準備禮品及放禮品的專門托盤、托盤上要放黃色（象徵王室的顏色）絲絨托墊，等等。在官邸的幾位同志、炊事員夫婦及外籍僱員緊張忙碌了三四個小時，一會兒警察來檢查安全設施、道路狀況、環境衛生，一會兒禮賓司來檢查禮賓安排，我們都嚴陣以待。忙亂中我還在琢磨：是我建議試請王室人員，這下真來了，會不會因為哪個禮節不周而捅婁子，畢竟我們沒有接待王室人員的經驗啊！直到四點茶會開始前，文外交部禮賓官員對我館準備工作表示滿意，我才鬆了一口氣。四點十五分，外交部長夫人札瑞婭殿下準時到達。我早早站在門口嚴陣以待，

本來以為王室人員出席某項活動都是前呼後擁，浩浩蕩蕩一個車隊，可是那天只來了三輛車。車倒是很豪華，特別是第一輛最豪華，我斷定是外交部長夫人，趕快一個箭步跑到車右側準備為她開門。可是，外交部長夫人十分麻利地從左側（文萊的習慣）自己開門出來了。文萊王室人員很大度，外交部長夫人老遠伸出手與我握手，此時我很尷尬。外交部長夫人秘書安慰我：「沒事，沒事！她有自己開車的習慣，一般王室人員是不自己開車的。你不知道，很難怪你。」我心裡這才放鬆了。

出席茶會的還有衛生部長、文青體部代理部長、內政部副部長、總理府常任秘書、外交部常任秘書等高官夫人，文萊政府女官員，駐文各國大使夫人和代辦夫人，一些王室人員及文萊主要婦女組織負責人等數十人。

我在茶會上致簡短的歡迎詞後，札瑞婭殿下致答詞，她表示：感謝邀請她作為這次茶會的主賓及我對她熱情洋溢的歡迎。她非常高興在這個對世界、對中國和所有婦女都很重要的時刻能與大家相聚在一起。她知道今後幾天裡北京的會議將會產生很多改善婦女狀況的寶貴意見。她期待並將閱讀有關的消息。並說，舉辦這樣重要的會議是一個重大的使命，中國政府和人民作為東道主可以為此感到驕傲，這也是中國對聯合國的有益的貢獻。最後，她預祝世婦會取得圓滿成功。茶會中放映了《北京歡迎你》和《一九九五世界婦女大會非政府論壇》

的錄像帶,殿下對錄像很感興趣,她感嘆地說:四
萬多人參加會議,這幾乎是文萊人口的五分之一
了,接待工作量之大可以想像。當錄像帶展示長城
的畫面時,她說,上次去北京因身體不適沒能上長
城,感到十分遺憾,表示下次去北京一定要登上長
城。我說,殿下什麼時候準備赴北京登長城,我一
定即時報告國內並為殿下的訪問作好準備。我希望
我能陪同殿下,讓殿下能順利登上長城,欣賞長城
內外好風光。

考慮到文萊王室人員一般不吃外面的食品,我
們特意請來了文萊皇家餐飲公司承辦這次茶會,並
備了幾樣中國風味小吃及中國茉莉花茶供選擇。殿

下——品嚐了我館廚師製作的春卷、千層餅、豆沙包等中國小吃及中國茶，並連連稱讚中國食品好吃、中國茶清香撲鼻。

出席茶會的其他朋友興致也很高，氣氛熱烈、談笑風生。據了解，文萊外交部長夫人到駐文使節官邸出席茶會並發表講話尚屬首次。在場的文萊高官夫人對札瑞婭殿下出席我的茶會感到十分驚訝，特別是對殿下在茶會上發表講話，無不嘖嘖稱奇，因為王室人員歷來是「金口難開」。一些大使夫人與代辦夫人為此紛紛向我表示祝賀。當晚，文萊電視台在馬來語與英語新聞節目中播放了「中國大使夫人舉行迎接世婦會茶會，札瑞婭殿下應邀出席」的消息和畫面。次日，文萊英文《婆羅洲公報》在

文萊外交部長夫人札瑞婭殿下在茶會上致辭。

頭版報導了這次茶會。

　　但事情並未就此了結。文萊電視台節目製作人在看了札瑞婭殿下出席茶會的消息後，立即邀請我出席其九月十日「早間熱門話題」節目，就世婦會有關問題作現場直播。我到文萊後，曾幾次到文萊電台就家庭、婦女、兒童和中國的節日、風俗習慣等一般性話題接受過採訪，但都是事先錄好音的。這次事先不能錄製，而且我有點擔心我的英語難以應付這種場面，不敢接受這個任務。但大使認為既然找上門來了，是個好機會，可以認真準備，接受邀請。有的朋友也說，文萊很少請外國人上他們電視台做節目的。我也想為世婦會做點工作，於是硬著頭皮答應了，並按照電視台提出的五個問題連夜準備，使館一些同志也從旁協助。

　　現場直播的前一天，我到電視台往見將與我合作的節目主持人，討論相互如何銜接時，節目製作人來通知我，在我回答第二個問題之後，要穿插幾個世婦會錄像鏡頭，主要是想節目搞得活一點，同時也讓我放鬆一下。我感到這個想法很好，當即表示同意。九月十日，我應約去文萊電視台出席我有生以來第一次在外國電視台的現場直播（當然中國電視台也沒去過），特別是當場要直接用英語回答問題，我心情之緊張程度難以言表。節目開始後，我倒是比較鎮靜，在回答第二個問題後，我逐步適應並進入狀態。三十分鐘的採訪結束後，我感到從未有過的輕鬆與解脫，心想這下總算播完了，而且

潘正秀陪同札瑞婭殿下及其他來賓觀看世婦會錄像。

從政治上和技術上都沒出現什麼問題。節目結束後，我一一感謝女製作人、節目主持人和現場工作人員的合作，他們祝賀我成功地接受了電視台的直播採訪。

第二天，我和大使應邀一同出席韓國大使夫婦的晚餐，這次晚餐的主賓是文萊總理府主管廣播、電視、新聞的常秘。他進入韓國大使官邸後，直奔中國大使，大聲說：「哈囉！閣下，我要向你夫人祝賀，她上了我們文萊的電視。」然後轉身與我握手，祝賀我發表了一個很好的講話。晚餐結束相互道別時，這位常秘又對我說：「我要再次祝賀你成了我們文萊的明星和藝術家。」（這當然是過獎了）常秘夫人則對我在講話中說了一段稱讚文萊婦女狀況良好，婦女與兒童受到政府的精心保護，婦女積

極參與國家建設與社會事務等內容特別高興。第三天，中、日、韓等國大使夫婦聚會，自然又議論起我到電視台製作節目的事。我想，並不是我有什麼傑出之處，只不過是外國大使夫人到文萊電視台就熱門話題發表講話是第一次罷了。而且，我敢於接受這項任務，並且也較好地完成了這項任務，主要是因為我的祖國成功地主辦了空前規模的歷史盛會，我感到無上榮光，而我國婦女狀況不斷改善，地位日益提高，這些都使我理直氣壯。當然，使館幾位同事都給了我極大的支持與鼓勵。

穆斯林齋月的友誼花絮

劉新生

（中國前駐文萊大使）

在文萊，居於支配地位、被大多數人信仰的宗教是伊斯蘭教，占全國人口多數的馬來人都是遜尼派穆斯林。早在十五世紀，伊斯蘭教就傳入文萊，為居住在當地的馬來人所接受，並在此基礎上建立起政教合一的文萊蘇丹國。一九五九年，文萊正式把伊斯蘭教定為國教。

齋月規定來自《古蘭經》

伊斯蘭教規已成了文萊馬來人的生活準則。按照《古蘭經》的訓誡，文萊穆斯林不飲酒、不吃豬肉、不吃死亡動物的肉和血。文萊的新聞媒介也多從教規要求的角度，鼓勵人們不吸菸、不浪費、不偷懶，要遵守社會公德。文萊的穆斯林每天做五次祈禱，即破曉時的晨禮、中午的晌禮、下午的晡禮、日落時的昏禮和入夜後的宵禮。每個星期五，穆斯林必須去清真寺參加聚禮。到麥加朝聖是每個虔誠的文萊伊斯蘭教徒的最大心願，文萊政府為前往麥加朝聖的伊斯蘭教徒提供交通住宿等一切便利

條件。每年朝聖季節，政府安排專機免費接送朝聖者。

《古蘭經》規定，穆斯林每年要在伊斯蘭教歷九月封齋一個月，齋月期間穆斯林都要禁食，從日出後始到日落止，其間不進食、不喝水、不抽菸。這是堅定和磨煉穆斯林意志的一種方式，以此指導世人，昭示明證，以便遵循正道，分別真偽，也是防止「罪惡」發生、維持社會秩序的一種手段。《古蘭經》中說：信道的人們啊！齋戒已成為你們的定製，猶如它曾為前人的定製一樣，以便你們敬畏。

文萊是東南亞伊斯蘭化程度最嚴格的國家，每年齋月開始，蘇丹政府向貧窮的穆斯林施捨牛羊肉和蜜棗各八十噸。如果違反齋月三禁，屬違法行為，要處以罰款或坐監。在這期間，當著文萊人的面進食是不禮貌行為。作為穆斯林的鄰居，最好也不要大擺宴席。

當今世界，穆斯林不分國界和民族，每逢齋月，依然奉行先知的教誨──在身體忍受飢勞的同時，靈魂得以淨化和充實。因為世界各地觀測天象（月亮盈虧變化）的差異，各伊斯蘭國家的齋月起始日期可能略有差別。在奉行穆斯林世界的諸多齋月規定之外，文萊的穆斯林在齋月期間還有一些活動出於自創，發自內心，形成了特有的齋月習俗。

文萊齋月的特有習俗

　　為配合齋戒月，皇家武裝部隊於前一天傍晚在斯里巴加灣市奧瑪爾・阿里・賽福鼎廣場鳴放十二響禮炮，以示齋月的降臨。齋月第一天晚上八點至十二點間，文萊奴魯爾・伊曼王宮的祈禱廳向本國穆斯林開放，蘇丹陛下為前來祈禱的臣民提供飲食（自助餐），十二歲以下的穆斯林還可以得到蘇丹陛下贈予的「綠包」（相當於中國人說的紅包）。這一活動從齋月第一天晚上起持續十二天，每晚約有一萬多穆斯林信徒參與。

　　王室成員和政府高官會前往二十八世蘇丹的王陵祭拜，唸誦《古蘭經》。二十八世蘇丹奧瑪爾・

文萊地標性建築——奧瑪爾・阿里・賽福鼎清真寺

阿里・賽福鼎生於一九一四年，一九五〇年繼承王位。他在位期間，文萊經濟得到較大發展，人民生活明顯改善，因此，他被譽為現代文萊的「總設計師」。一九六七年，他主動讓位於現任蘇丹。開齋節前後，蘇丹陛下會親率主要王室成員前往憑弔，以表達對這位現代文萊奠基者的真摯懷念。

扶貧濟困，團結互助

齋月的一大要義就是體現穆斯林的團結友愛精神。扶貧濟困是每個成年穆斯林應盡的義務，齋月期間的捐贈則更有意義。文萊齋月期間，每個年滿十八歲的穆斯林要為貧困穆斯林捐款，捐款由宗教部專門負責籌集和使用，視捐助者的家境和能力而定，但是也有一個最低的標準──要至少能購買一袋香米（約 8 美元）。為了體現穆斯林之間的互助，文萊政府部門也會為已故公務員的未成年子女自發組織捐款，讓這些孤兒能體會到穆斯林大家庭的關懷和溫暖。

許多文萊穆斯林都會去墓地祭拜他們逝去的親人，清理墓園，敬獻鮮花。文萊的軍人和警察會自發組織去穆斯林公墓清理、修葺，這也是他們服務社會的一種形式。

每個健康的穆斯林只能在日落之後進食和飲水，也忌暴飲暴食。這是對體力和耐力的一大考驗。產於中東沙漠地區的椰棗，因為日照充足而糖

分極足，且富含人體所需的蛋白質，是穆斯林鍾愛的營養品。文萊蘇丹陛下每年齋月期間都向全國的穆斯林免費發放沙特椰棗，既體現了蘇丹陛下的親民，也是對廣大穆斯林的一種勉勵。

齋戒月期間，成年穆斯林均須齋戒，破戒者要遭人唾棄，重者還會受到宗教法庭的審判。此外，文萊政府部門的辦公時間調整為每天上午八時至下午二時，政府日薪僱員的工作時間將縮減一小時。受僱於不同部門的日薪僱員，可以根據工作合約調整每日工作時間。下班後，家庭主婦開始流連於街市商場，為家人採購晚餐食品，這時候會有大量精緻美味的馬來糕點上市，而且一般會擺放在超市的入口處，醒目誘人；許多公共場所都會臨時增設一些快餐食品攤點，一些餐廳還專門推出自助晚餐，為穆斯林提供便利。

磨煉意志和耐力

齋月結束後，將迎來穆斯林的第二大節日──開齋節，也是文萊人最隆重的宗教節日。開齋節前夕，人們會忙碌著清掃居室，將家中布置一新，還要採購禮品，烹製各式食物饋贈和招待親友。各個商家也抓住商機，在齋月期間不僅推出文萊穆斯林喜愛的各種商品，還用相當的折扣價格來吸引消費者。文萊旅遊局則組織全國大的促銷活動，要求所有商鋪打折銷售商品。商場裡除了令人眼花繚亂的

各種生、熟食品外，還有新款的布料和服裝，文萊人喜歡用來裝飾家居的豔麗裝飾品也「應時而發」，在往來的人流中「爭芳吐豔」⋯⋯這些都預示，經過一個月的堅韌修習，人們將迎來無盡歡慶和愉悅。這也正是先知要求人們「齋戒」的現實用意所在——通過齋戒體驗窮人的困苦、磨煉自己的意志和耐力。經歷了先苦後甜，所有的穆斯林會更加團結，也會備加珍惜現在、熱愛生活。

最盛大的節日

開齋節是阿拉伯語「爾德・菲圖爾」的意譯（「爾德」就是節日的意思）。伊斯蘭教歷九月為「齋月」，齋月的最後一天尋看新月，見月的次日即舉行開齋，即為「開齋節」。關於節日的來源，據伊斯蘭教經典記載，伊斯蘭教初創時，先知穆罕默德在齋月滿時進行沐浴，然後身著潔淨的服裝，率穆斯林步行到郊外曠野舉行會禮，並散發「菲圖爾錢」（開齋捐）表示贖罪，以後相沿成俗。

開齋節是穆斯林最盛大的節日。經過一個月的禁食、禁飲，當最後一天的新月升上天空，開齋節便開始了。節日的盛裝穿戴起來，精美的食品擺上桌，家家戶戶張燈結綵，然後是「開門迎賓」。每家的門都敞開著，任何人來家裡都是貴客，即使是陌生人，也要請吃正餐；小孩子們走到哪裡都有「綠包」給；客人臨走時主人還要送禮物，不分身

分高低。處處是節日的祝賀，「天下大同」莫過於此吧！文萊人的真誠和友善於此也可見一斑。

更講究一點的人家，會在那天給親朋好友發請帖，但不管你有沒有收到請帖，想去都可以。而收到開齋節請帖的，必是被對方尊重和認可的人，回應的方式便是真誠地登門拜訪，否則，會損傷一份感情，導致不愉快。親友之間，更是要捷足先登，在第一時間互相祝福，否則，會是相互間感情上隔閡的一種表示。

伊斯蘭國家使節也是這樣。記得有一年，我們因當晚自己有活動，就通知了某伊斯蘭國家大使，我們不能出席他們的開齋節「開門迎賓」晚餐了。該國大使說，打了招呼就行了，沒關係。但該大使沒告訴其夫人，於是，該大使夫人在這一年中多次對我夫人說，你們今年沒出席我們的開齋節活動。不管我夫人怎麼解釋，她下次還是那麼說，說得我夫人心裡好難受。因此，我們盼著來年的開齋節趕快來臨，好作些補償。第二年開齋節，接到他們的邀請，當晚我和夫人第一個去了，而且待到很晚才走。從此以後，這位大使夫人再不說我們沒參加她的「開門迎賓」活動了。

王宮開放四天

「開門迎賓」的活動，連王宮也不例外。王宮開放四天，第一天招待各國使節、各部高官和各界

顯貴，後三天招待普通臣民。蘇丹率部分男性王室成員與男性臣民一一握手，王后、王妃及王室女性成員在另外的會客廳接見到訪的女性臣民。駐文萊使館參贊以下的官員和職員、外國遊客、外籍勞工都可在這三天中暢通無阻地進入王宮。王宮隨時備有豐盛的飯菜、糕點和水果，招待所有來客飽餐一頓，還贈送每人一個印有王室特別標記、裝滿各類馬來點心的食品盒。

作為一個文萊臣民，見國君、逛王宮、吃美食、拿禮物，何等愉悅！二〇〇八年開齋節期間，總共有超過十萬人次進入王宮，也就是說，三分之一的文萊人都進了王宮。令人感嘆的是，每年開齋節這麼多人出入王宮，卻秩序井然，暢通無阻，從

開齋節期間，王宮對公眾開放，文萊臣民競相向蘇丹陛下及王室成員祝賀節日。

未發生過任何安全事故。蘇丹貴為一國之君，卻又與民同樂，這既是開明，也是感化。也許，這正是君主制國家社會秩序的穩固劑。

在文萊工作時，我們夫婦每年都要進王宮，分別與蘇丹、王后、王妃及其他王室成員一一握手，隨意交談。我們發現，王室所有人員都很隨和、友好，對每位來賓都彬彬有禮，有時還詼諧地開個玩笑。

充滿溫情的聚會

開齋節期間，我們除到王宮外，還到所有部長、副部長、各部常秘、外交部各司司長、伊斯蘭國家駐文萊使節及各界顯要人物家中拜訪，有時每天要走訪數十戶人家，一家待十來分鐘，跑得好不辛苦。每到一處，我們都受到盛情招待，有的人家直接就把你引到餐廳，讓你就餐。每到一家，我們至少得喝幾口飲料，吃上一塊點心，有時實在飽了，也學著文萊人，用右手在主人的食盤上碰一下，以示謝意。這樣，一天下來腸胃負擔真不輕。但我感到，這還是一個好的傳統，特別是對駐文萊的外交人員來說，是個交友的好機會。凡是開齋節去拜過年的人家，下次在別的場合見到，總是倍感親切，有時有些公務到辦公室拜訪難以解決，在拜年中也就解決了。根據我的觀察，文萊官員對外國大使夫婦是否到他們家拜年是很重視的，我們走到

一些人家，往往聽到他們說，某某大使來了，某某大使還沒來，等等。

開齋節期間，每位小朋友都會收到一個綠色的小信封，裡面是長者派給拜年小孩的壓歲錢，就是文萊的「紅包」了。一家之主口袋裡往往備有若干「綠包」，遇到小孩上門隨手掏出一個。有的人家指派專人站在門口，手拿一疊「綠包」，一個一個小孩發下去。一些皇親國戚和達官貴人家中，會有成群結隊的土著裝束的兒童，想必也是為那可愛的綠包所吸引。

一年一度的開齋節，是文萊人的快樂神經，也是文萊人充滿溫情的聚會。經過一個月的齋戒修持，心明性朗；再有一個月的開齋歡慶，理性和人性糅合在一起，融化為一處。當月亮高高昇起，長空澄碧，繁星閃爍，一切顯得這樣完美、和諧。

青山依舊，綠水長流

——南京與文萊二三事

郭欣琳

（南京市外辦亞非處工作人員）

二○一三年八月，亞青會閉幕式當天，細雨紛飛。進場時，兩位東南亞朋友走在身旁，雖不相識，我還是把自己的傘遞給了他們，他倆笑了。這是我第一次見到拉赫曼先生，後來才知道，拉赫曼，文萊人氏，首都斯里巴加灣市時任管委會主席也。

二○一四年三月，南京市友好代表團率市民龍舟隊訪問文萊，參加龍舟賽。一下飛機，只見拉赫曼笑意盈盈地站在出口處，百忙之中，他親自前來迎接我們。文萊前些日子一直下雨，甚至發生內澇。我們到達那天，陽光普照，拉赫曼說，是南京人民給斯里巴加灣帶來了好天氣。拉赫曼還說起去年的借傘之誼，我心裡很感動，這樣的小事，難為他記得。

為了款待遠道而來的我們，拉赫曼特地在家裡舉行了一次下午茶，請來民間藝人助興，展示文萊傳統音樂和武術。拉赫曼的家很大，裝修華麗卻毫無冰冷之感，也許是因為牆上掛滿了家庭成員的照

片。拉赫曼隆重展示了他的 DIY 畫冊，全家每出遊一次，就選取一些照片，印成畫冊。翻閱著厚厚的冊子，可以看出，拉赫曼是個熱愛家庭、熱愛生活的人。拉赫曼說，雖然穆斯林可以合法擁有四個妻子，但他只有一個，一個足矣。在拉赫曼家裡，我們有幸品嚐了拉赫曼夫人親手製作的糕點，可口極了。確實，得妻如此，夫復何求？拉赫曼家的下午茶，我們大快朵頤，拉赫曼卻一臉歉意。原來，我曾經開玩笑說，真希望能夠在文萊這麼美麗的國家吃上榴蓮這麼美好的水果。但因為季節不湊巧，拉赫曼最終沒能讓我得償所願，為此，他心懷愧疚。拉赫曼隨即話鋒一轉，說道，留些遺憾也好，以後就會再來，南京是斯里巴加灣唯一的友好城市，兩個城市間的友誼就像文萊的草木，花開不敗，四季常青。

　　拉赫曼先後兩次訪問南京，與南京頗為投緣。二〇一三年亞青會期間，拉赫曼遊覽了溧水的周園。看到周園的桌子，他感嘆道，一輩子都沒見過

這麼大的桌子；看到玉山子，又驚奇地說，真是巧奪天工。拉赫曼甚至開玩笑說，他默默計算著周園裡的藏品共價值幾何。我們向拉赫曼介紹說，周園是一座私人博物館，下次再來南京，我們去拜訪南京博物院，欣賞更多稀世珍寶。拉赫曼對明城牆也是讚不絕口，他說，站在城牆上，看著玄武湖，感受到了一種靜謐。美景醉人，美食亦如此。拉赫曼向很多文萊朋友敘述過在清真菜館安樂園吃飯的經歷：每個菜只有一小口，但有五十多道呢，光是湯，就有足足四種！在夫子廟，拉赫曼瘋狂血拼，買了若乾絲巾。對於還價，拉赫曼雖不擅長，卻很熱衷，若是店家同意給個折扣，拉赫曼就大方展示他學會的唯一一句中文：「你真好，你真好。」拉赫曼雖已年近六旬，卻依然浪漫，和夫人將婚紗照拍到了全世界。我們對拉赫曼說，下次來南京拍套中國風的，漢服旗袍長衫馬褂，拉赫曼連連稱好。

去年三月，南京市友好代表團再次率市民龍舟隊訪問文萊，參加龍舟賽，在十五人六百米組的項目中一舉奪得第三名。天氣如此炎熱，波浪如此洶湧，南京市民龍舟隊能取得如此佳績，實屬不易。文萊友人說，來年再戰，可就要得第一了。龍舟賽結束後，時任文萊內政部副部長哈爾比先生接見了我們。哈爾比回憶起二〇一三年冬天訪問南京的情景：天可真冷啊，住的酒店可真高啊，像在雲上一樣。

這些年來，因為有了拉赫曼這樣的友人，有了

斯里巴加灣管委會主席拉赫曼家下午茶時的表演。

龍舟賽這樣的平台，南京與文萊的友誼日益增進。其實，南京與文萊的交往古已有之。明永樂年間，浡泥國王訪問中國，不幸染上重病，去世後葬在南京。六百多年後的二〇一五年十一月，文萊歷史中心代表團沿著祖輩的足跡來到南京。在浡泥國王墓，雨花台區文化局孫辰副局長詳細介紹了國王墓的歷史，耐心回答了代表團提出的問題。第二天，代表團來到明孝陵，聆聽明朝的故事，神道兩旁歷經風雨蹉跎的石像生讓大家感慨不已，踩在落葉上，如在畫中行。到了總統府，大家學習了總統府從明到清到中華民國再到新中國的歷史變遷，總統府提供的 cosplay 服務更是讓客人喜笑顏開。代表團成員紛紛穿上長衫、格格服拍照留念，我就趁機向大家講解這個衣服是哪個朝代的，那個朝代發生

二〇一五年十一月，文萊歷史中心代表團在南京參訪淳尼國王墓。

了什麼，大家興致盎然地擺出各種造型，流連忘返。和代表團揮手道別時，我有些許傷感。多麼希望我們每個人都能笑得像文萊朋友這樣，純粹、開心，內心像文萊的陽光，乾淨、熱烈。

我一直相信，所謂勝境，不過三分風景，七分故事，需得再加上那十分情誼，方才是最動人的美麗，因為有了感情，山水才有了清音。感謝親愛的文萊朋友，光陰荏苒，真情厚意，永記心間。

友誼 篇

共譜睦鄰友好關係新篇章

——中文建交二十五週年回顧與啟迪

劉新生

（中國前駐文萊大使）

　　中國與文萊是同瀕一海的友好近鄰，兩國有著悠久的交往歷史。根據我國史書記載，中國與文萊（古稱「浡泥」）交往至少已有一千五百餘年。早在西漢時期，雙方就開始商品交換。明朝永樂年間，兩國來往尤為密切，坐落在中國南京市的浡泥王墓和文萊斯里巴加灣市的「王三品路」已成為兩國友好交往的歷史見證。但自西元十六世紀末西方殖民主義者入侵文萊後，兩國來往中斷。一九八四年文萊獨立後，兩國接觸與交往逐步恢復。一九八八年聯大期間，錢其琛外長在紐約會見文萊外交部

一九九一年九月三十日，中國外長錢其琛和文萊外長穆罕默德·博爾基亞親王在紐約聯合國總部簽署《中華人民共和國政府和文萊達魯薩蘭蘇丹陛下政府關於兩國建立外交關係的聯合公報》。

長穆罕默德‧博爾基亞親王殿下，這是文萊獨立後兩國間高層官員首次正式接觸。此後，兩國外長和高級官員多次在聯大和其他國際會議場合接觸和交往，就如何發展兩國關係交換意見，並開始互致國慶賀電。一九九一年四月和八月，中國副外長徐敦信和文萊外交部常務秘書林玉成進行了互訪，雙方就兩國建交及共同關心的國際和地區問題深入地交換了意見。同年九月三十日，兩國外長在聯合國總部簽署了《中華人民共和國政府和文萊達魯薩蘭蘇丹陛下政府關於兩國建立外交關係的聯合公報》，宣布兩國從當日起建立大使級外交關係。建交二十五年來，在雙方共同努力下，特別是在兩國領導人的直接關懷下，兩國關係取得了長足進展，步入了長期穩定發展的軌道。

高層交往頻繁

兩國國家元首和政府首腦保持互訪，並多次在國際場合進行會晤，兩國政府高級官員的往來也十分密切。文萊蘇丹哈桑納爾‧博爾基亞陛下已八次訪華或來華出席國際會議，文萊外交和貿易部長穆罕默德‧博爾基亞親王殿下也曾多次來華訪問或參加國際會議。文萊外交與貿易部無任所大使瑪斯娜公主殿下多次來華出席兩國外交部高官定期政治磋商或出席研討會。此外，文萊王儲比拉殿下也曾訪華或出席中國—東盟博覽會。從中方來說，江澤民

主席和胡錦濤主席於二〇〇〇年十一月和二〇〇五年四月分別對文萊進行了國事訪問。二〇一一年十一月和二〇一三年十月，溫家寶總理和李克強總理也先後對文萊進行了友好訪問。雙方高層互訪對增進兩國關係和兩國人民之間的傳統友誼、相互信任與合作起到了不可替代的重要作用。

特別是二〇一三年四月，文萊蘇丹應習近平主席邀請再次對中國進行國事訪問，並出席博鰲亞洲論壇二〇一三年年會。兩國元首積極評價中文關係發展，決定將中文關係提升為戰略合作關係，並發表了《聯合聲明》：雙方重申，將相互尊重主權和領土完整，互不干涉內政。文方重申將繼續堅持一個中國政策，支持兩岸關係和平發展與中國和平統一大業，中方對此表示讚賞。雙方同意秉持友好和善意的精神，以和平共處五項原則、《東南亞友好合作條約》以及其他公認的國際法準則為指導，建立中文戰略合作關係，以增進兩國和本地區的和平、穩定與繁榮。雙方同意進一步提升兩國經貿合作水平，在交通、通訊、基礎設施建設、金融等領域開展密切合作，鼓勵雙方企業探討在基礎設施建設等領域建立合資企業的機會，支持兩國有關企業本著相互尊重、平等互利的原則共同勘探和開採海上油氣資源。雙方同意進一步深化防務安全合作，保持兩軍經常性互訪，加強在人員培訓、非傳統安全領域及地區安全機制中的合作，進一步促進地區和平與穩定，並將繼續致力於維護南海地區的和平

與穩定，敦促有關各方繼續保持克制，增進互信，加強合作。強調應由直接有關的主權國家根據包括一九八二年《聯合國海洋法公約》在內的公認的國際法原則，通過和平對話和協商解決領土和管轄權爭議。希望有關國家進一步落實《南海各方行為宣言》，朝最終制定「南海行為準則」而努力。

經貿關係不斷擴大

由於兩國經貿合作起步較晚，加上文萊市場有限，雙邊貿易額相對較小，但隨著雙邊關係的日益發展，兩國貿易額持續增長，並在二〇〇一年首次突破 1 億美元大關。近年來，兩國貿易額成倍增加，二〇〇八年和二〇〇九年的貿易額分別為 2.18 億美元和 4.23 億美元，更為可喜的是，二〇一〇年達到 10.3 億美元，比上一年增長 142.8%，如期實現兩國領導人確定的二〇一〇年 10 億美元貿易

二〇〇一年五月，文萊蘇丹哈桑納爾訪問深圳，參觀高新科技園。（供圖：中新社）

額目標。二〇一四年，雙邊貿易額為 19.36 億美元，較上年增長 7.96%。

為進一步推動和加強雙方的經貿合作，兩國政府還先後簽訂了各種協定或諒解備忘錄，其中有《鼓勵和相互保護投資協定》（二〇〇〇年）、《避免雙重徵稅和防止偷漏稅的協定》（二〇〇四年）和《促進貿易、投資和經濟合作諒解備忘錄》（二〇〇四年）。從商品結構看，中國向文萊出口產品：工業製品占 86%，主要是紡織品和服裝、鋼材、金屬製品、機械設備、家具、塑料製品、電子產品、運輸工具、鋁材、蓄電池、自行車、燈具；初級產品占 14%，主要是肉製品、蔬菜及水果。中國從文萊進口產品：初級產品占 99%，主要是原油；工業製品占 1%，主要是金屬製品。

投資合作不斷拓展

截至二〇一一年七月底，文萊累計對華實際投資二十一點七億美元。其中，二〇一一年一至七月新增實際投資一點五億美元。截至二〇一一年七月底，中國企業對文萊累計非金融類直接投資二千七百六十五萬美元。近年來，隨著中國經濟騰飛，中國在文萊的投資也在加快步伐。二〇一一年十二月，浙江恆逸石化有限公司在文萊投資建設年加工八百萬噸原油的石化項目，建設內容包括八百萬噸常減壓裝置、二百二十萬噸加氫裂化裝置、一百五

二〇一三年四月五日，中國國家主席習近平在北京人民大會堂東門外廣場舉行儀式，歡迎文萊蘇丹哈桑納爾訪華。（供圖：中新社）

十萬噸芳烴聯合裝置、一百五十萬噸柴油加氫裝置、一百萬噸煤油加氫裝置，以及碼頭、罐區、電站、海水淡化等配套工程，項目總投資四十三點二億美元。此外，雙方的勞務合作逐步展開。中國企業在文萊累計簽訂承包工程合同額三點七億美元，完成營業額一點九億美元。二〇一〇年中國—東盟自貿區的建成，使雙邊經貿合作進入了一個快速發展的新時期。

值得一提的是，雙方農業合作是一大亮點。二〇〇九年五月，文萊工業與初級資源部長葉海亞應邀訪華，與中國農業部簽署了《兩國農業合作諒解備忘錄》。訪華期間，代表團參觀考察了廣西農業科研機構、農業基礎設施以及水稻、蔬菜、水果種

植加工基地。近年來，文萊與廣西的交流與合作快速發展，熱帶水果、蔬菜和水稻種植以及近海養殖、生態旅遊等合作項目正在積極推進。根據文萊農業科技發展有限公司與廣西玉林市旺旺大農牧有限公司項目合作協議，中方向文方提供優質雜交水稻品種、技術培訓和專家指導，二〇〇九年在文萊開展水稻試種計畫，二〇一〇年一月取得首批收割，成果不俗，預計可將文萊傳統種植每公頃二噸的生產量提升至每公頃八噸或最多十一噸。二〇一二年十一月，中文水稻種植、漁業養殖合作項目簽約。

其他領域交流與合作日益拓展

建交以來，在經貿合作不斷加強的同時，雙方在其他領域的交流與合作也取得了明顯成效。兩國在民航、衛生、文化、旅遊、體育、教育、軍事、司法等領域的交流與合作逐步展開，先後簽署了《民用航空運輸協定》（1993 年）、《衛生合作諒解備忘錄》（1996 年）、《文化合作諒解備忘錄》（1999年）、《中國公民自費赴文旅遊實施方案的諒解備忘錄》（2000 年）、《高等教育合作諒解備忘錄》（2004 年）、《旅遊合作諒解備忘錄》（2006 年）。兩國於二〇〇二年和二〇〇四年分別簽署了《中華人民共和國最高人民檢察院和文萊達魯薩蘭國總檢察署合作協議》和《最高法院合作諒解備忘錄》。

二〇〇七年七月，中文兩國決定互設武官處，雙方表示有興趣探討在科技和防務領域進行雙邊合作的可能性。

文萊還十分重視參加中國—東盟博覽會。自二〇〇四年參展以來，文萊的參展規模不斷擴大，商家逐年增加，展位日益增多。二〇〇七年十月，文萊王儲比拉親自率團出席第四屆中國—東盟博覽會和中國—東盟商務與投資峰會，並在開幕式上作為主題國代表致辭。二〇一〇年十月，由文萊—中國友好協會負責的位於南寧的文萊國家商務聯絡部大樓正式建成啟用，大樓內設立了文中友協的辦事處，為兩國民間交流又搭建了一個加深了解和友誼的平台。

此外，為便利雙方人員交流，自二〇〇三年七月起，中國對持普通護照來華旅遊、經商的文萊公民給予免簽證十五天的待遇。二〇〇五年六月，兩國就互免持外交、公務護照人員簽證的換文協定生效。二〇一〇年三月，文萊皇家航空公司重開斯里巴加灣至上海航線。文萊旅遊局統計數字顯示，近幾年到文萊旅遊的中國遊客每年有近三萬人，中國成為文萊最大的旅遊客源國之一。

在地區和國際事務中保持著良好的協調和配合

雙方讚賞中國與東盟關係近年來取得的顯著進

一九九四年一月六日，中國首任常駐文萊大使劉新生向文萊蘇丹哈桑納爾遞交國書。

展，一致同意密切合作，共同推動中國東盟戰略夥伴關係的發展。雙方認為，進一步鞏固和發展上述關係符合有關國家的共同利益，有利於亞太地區的和平、穩定與繁榮。雙方重申致力於中國—東盟自貿區的建設。雙方同意通過現有的東盟與中、日、韓（10＋3）合作機制進一步推動東亞合作。中方重申將支持東盟在東亞合作進程中繼續發揮主導作用。在次區域合作方面，文方歡迎中方支持並參與地跨文萊、印尼、馬來西亞和菲律賓的「東盟東部增長區」建設。雙方表示將繼續致力於維護南海地區的和平與穩定，與東盟其他國家一道落實《南海各方行為宣言》後續行動。雙方還表示願探討在南海開展合作的途徑。關於東北亞局勢，文方讚賞中

方在六方會談中發揮的重要作用，認為會談有助於維護地區和平、安全與穩定。雙方同意加強兩國在聯合國、東盟地區論壇、亞太經合組織、亞歐會議、世界貿易組織以及其他國際和地區組織中的協調與配合，以進一步促進和平、穩定與發展。

綜觀建交二十五年來的歷史，中文關係始終保持健康穩定發展，雙方尊重各自自主選擇的符合本國國情的發展道路，積極探索互利共贏的合作方式，在本地區樹立了大小國家平等相待、互利合作、和諧共處的典範。回顧兩國關係所取得的成功經驗，首先是始終堅持和平共處五項原則，這是兩國關係不斷發展的政治基礎；第二是積極拓展兩國各個領域的互利合作，這是推進中文關係發展的不竭動力；第三是不斷加強雙方在地區和國際事務中的協調與合作，這是維護我們共同利益的重要紐帶。

馬來語中有句諺語「tak kenal maka tak cinta」，意為「沒有相互的了解，就不能建立深厚的情意」。如今，中國與文萊已成為真誠朋友和重要合作夥伴。展望未來，相信在和平共處五項原則基礎上和「一帶一路」倡議的推動下，結合各自國內發展戰略，探索新形勢下加強各領域合作的新思路、新辦法，實現優勢互補、共同發展，中文睦鄰友好合作關係必將譜寫出更加美麗的篇章！

瑪斯娜公主的中國情緣

潘正秀

（中國前駐文萊使館參贊）

　　二〇一六年是中國與文萊建交二十五週年。我
有幸曾作為中國常駐文萊使館第一代外交人員，在
文萊工作和生活了四年多時間，對「和平之邦」那
片土地留下了美好的記憶：旖旎質樸的風光、纖塵
不染的街道、設計精美的民房、謙和有禮的人
民……尤其是當年與文萊蘇丹長妹、外交與貿易部
無任所大使瑪斯娜公主殿下結下的深厚友誼，更令
我難以忘懷。

　　文萊一些習俗傳統不乏中國影響，特別是旅居
文萊的華人在歡度中國春節時有個「開門迎賓」的
做法。他們在春節期間選擇一天從早到晚大開門
戶，歡迎左鄰右舍、親朋好友登門賀年。一九九六
年，中國春節與文萊開齋節僅一天之差，而文萊國
慶也在這期間。文萊人說，這年是「三喜臨門」，
歷史上是少見的，節日氣氛特別濃厚。使館決定搞
一次「開門迎賓」活動，並嘗試邀請瑪斯娜公主殿
下出席。但公主殿下來不來，誰也沒把握。

　　「開門迎賓」當日下午，瑪斯娜公主殿下與夫
婿攜兩個子女真的來了！公主說，這是她開齋節以

來出席的第一個非王室的「開門迎賓」活動。我趕忙說，這是大使館全館人員的莫大榮幸。當時出席活動的來賓都對文萊王室人員打破慣例到中國大使館賀新年表示驚奇。次日，當地華文報紙在頭版顯要位置刊登了「中國大使官邸開放，陛下胞妹登門賀年」的消息和大幅照片。文萊電視台當晚在黃金時間播放了這條新聞。自一九九六年起，不僅瑪斯娜公主殿下夫婦，還有更多的內閣部長及其他高官每年在春節期間到中國使館賀新年。

一九九七年香港回歸之際，使館決定舉行慶祝香港回歸大型招待會，邀請瑪斯娜公主殿下作為主賓出席，她愉快地接受了邀請。招待會前兩天，我在一次外交場合發現公主殿下拄著枴杖，一瘸一拐地走路，趕忙問怎麼回事。公主殿下說，她打羽毛球時不慎腳扭了。我臉上頓時流露出為公主殿下著急的表情。公主殿下看出我的心思，迅即安慰說：「沒關係，慶祝香港回歸的招待會我一定出席。」我說：「可是殿下上台接見演員恐怕有困難。」公主殿下卻爽快地表示：「到時你幫助我就行了！」招待會那天，演出結束後，公主殿下在我的攙扶下登上舞台，並同全體演員合影留念。這件事不僅表明公主殿下對文中關係十分重視，也反映了她堅強樂觀的性格。

多年來，瑪斯娜公主殿下為增進中文兩國相互了解作出了重大貢獻。每逢兩國有重大活動，只要公主殿下在文萊國內，都是「有請必到」，撥冗出

席。公主殿下喜愛中國文化，對中國和中國人民懷有深厚的友好情誼。自一九九七年以來，她已八次訪華，我們夫婦多次陪同。二○○六年四月，公主殿下率團拜謁了位於南京雨花台區的古浡泥國王墓，並為「中國—文萊友誼館」揭牌，拉開了中國與文萊正式建交十五週年紀念活動的序幕。

為了表彰公主殿下對推動中文兩國友好關係作出的特殊貢獻，二○一一年六月，中國人民對外友好協會授予她「人民友好使者」稱號。二○一三年五月，公主殿下再次率團來華訪問，全國人大常委會副委員長沈躍躍在會見時稱讚她是「中國人民的好朋友，中國婦女的好姐妹」。

中文兩國攜手跨過了四分之一世紀，在雙方的共同努力下，兩國在政治、經濟、文化、教育、衛

瑪斯娜公主殿下夫婦應邀出席中國大使館慶祝香港回歸招待會。

劉新生、潘正秀夫婦
陪同瑪斯娜公主夫婦
在桂林遊覽灘江。

生等領域的交流與合作取得了長足進展，在地區和
國際事務中相互支持、密切配合，中文友誼顯示出
了蓬勃生機。我相信，在和平共處五項原則基礎
上，中文睦鄰友好合作關係在下一個二十五年必將
譜寫出更加美麗的篇章！

民間友好關係，從我的夢開始

陳家福

（文萊—中國友好協會常務副會長）

　　二〇一六年是文萊與中國建交二十五週年，我
們也迎來了文萊—中國友好協會成立十一週年。值
此喜慶時刻，回顧當初籌建友好協會的不平凡歷
程，至今依然歷歷在目，令人感慨萬千。

　　此前，文萊與中國的交往只限於官方層面，政
治交往和政府間交流與合作日趨密切。但從某種程
度上說，兩國的民間文化交流、相互理解與信任的
局面還沒有真正打開，民間友好關係的發展依然處
於瓶頸之間。直到友好協會真正成立了，局面才逐
步打開，它對促進文中之間相互理解、增信釋疑不
無裨益，對維護與發展兩國民間友好關係起到積極
的作用。當初，在文萊—中國友好協會尚未成立之
前，我曾擔任文萊商會秘書長一職，除為工商界提
供工商資訊交流的機會、促進國際工商界的溝通
外，還致力於推動文萊的貿易與文教事業。我活躍
於世界各地的工商會組織之間，與當地政府各部門
保持經常的聯繫。

　　這樣的工作性質，使得我接觸到很多的國際人
士，也開展了廣泛的交流活動。當時我就有一個夢

想——文萊是否可以舉辦一場殘疾人表演活動？我想，殘疾人用歌聲、舞蹈、樂器演奏等方式講述勵志故事，一定能感動全場。因為關懷殘疾人是社會進步的一個重要標誌，對構建和諧社會有著十分重要的現實意義。殘疾人為了實現自己的夢想和人生價值，一直不懈努力，不知付出了多少的汗水和淚水。如果他們能以陽光的心態來到文萊演出，就能給文萊民眾帶來愉悅、希望和信心。

這件事一直讓我記掛在心。因為工作關係，我曾經在與中國駐文萊大使及使館人員聚餐交流時，暢談過自己的理想和抱負。我提到了這個夢想，當時就得到熱烈的響應，大家紛紛出謀劃策，以期能幫助我儘早實現。

真是機緣巧合。幾天後，中國大使館給我打來了電話，要介紹我到北京參觀考察。接到這個消息，我立刻欣然應允。在有關方面的精心安排下，我在北京考察了中國殘疾人藝術團，這令我印象深刻。恰好，中國殘疾人藝術團推出了「我的夢」系列作品，與我的「夢」重疊。兩者之「夢」在此相遇、融合，必將奏出和諧的樂章。我想，既然有了夢，就希望有個好的開頭。

於是，我暗下決心，要配合文萊國慶的慶祝活動，邀請中國殘疾人藝術團到文萊舉行一場風格迥異的演出。我想，殘疾人士的演出應該會成為一台精彩的、很特別的節目。這也是我力促中國殘疾人藝術團成行的初衷。

當時已是二○○三年十一月初，距離二○○四年文萊二十週年國慶的日子（二月二十三日）已經不遠了。該怎麼處理好這個問題呢？我們想了很多的辦法，也得到一些部門的配合，最終在二○○三年十二月二十三日，我們與中國殘疾人藝術團簽署合約，商定隔年二月到文萊演出。

萬事開頭難，留給我們的也只有短短兩個月的籌備時間。可是，正當籌備活動如火如荼開展之際，馬來西亞的合作方因故中途退出，剩下文萊方面獨資承辦此項大型活動。演出龐大的成本支出一下子全部壓到我們一邊，我個人也承受了極大的壓力。「我一個人能支撐下來嗎？這個夢還能繼續下去嗎？」我當時確實這麼想著。

時間不等人，刻不容緩。少了馬來西亞合作方的配合，我只能找文萊的社團出來贊助。結果也是不盡如人意，但我始終沒有放棄，心想即使負擔再重，咬緊牙關也要堅持下來。於是，我找了本公司兩三個親近的同事及職員一起合作。當時，只有一家銀行願意贊助中國殘疾人藝術團團員們的住宿，其餘演出場地等費用則由我的公司和幾個親近的同事、職員共同負擔。

「當所有的一切都不支持你的時候，你還要找出解決方案，你必須快速地往前跑。」我堅信，只要堅持下去，就一定會發生質變，那些負面的信息也會煙消雲散。

二○○四年二月二十五日，中國殘疾人藝術團

一行終於如期抵達文萊首都斯里巴加灣市。為了達到此次活動的預期效果，我還特地邀請了中國媒體記者進行採訪報導，無形中又加重了活動經費的負擔。

二月二十七日，首場「我的夢」演出在傑魯東圓形劇場隆重登場，為本地觀眾獻上一場精彩的文化交流盛宴。鮮有滿場的劇場，當晚卻異乎尋常地出現了觀眾爆滿的情景。

首場演出還獲得文萊王后、兩位公主以及其他皇室成員，文萊政府官員、各國駐文萊大使等撥冗出席觀看，這是本地文藝演出極少享受的至高禮遇。

當晚的演出非常成功。演出結束後，王后與皇室成員微笑著走上舞台，和演員們一一握手，並與全體演員合影留念。觀眾們也久久不願離席，在台下報以持久的掌聲。

中國殘疾人士的傾力演出得到空前的熱烈好評，其影響之大讓人始料未及。為了進一步滿足本地觀眾的需求，第二場演出同樣安排在該劇場。翌日晚上演出結束後，觀眾紛紛圍住中國殘疾人藝術團的演員，希望和他們合影留念，並索要簽名。

當晚出席觀演的文萊本基蘭馬汀王子隨後也親自接見藝術團的演員們。他表示，這樣的演出非常成功，十分感人。王子的話語，是對我們的高度評價，同時也證明了我們安排此次演出活動是很有意義的，對促進文萊與中國的民間文化交流產生了積極的作用。

演出之餘，藝術團演員們還往返學校、殘疾人公益機構交流聯歡，其中尤其受到了文萊中華中學三千三百多名師生的熱烈歡迎。該校師生們紛紛表示，中國殘疾人超人的意志與智慧，以及用心去創造奇蹟的做法，對我們每一個人都有啟發。中國殘疾人藝術團用舞台上感人至深的表演、舞台下親切樸實的氣質深深打動了文萊民眾。

在歡送宴上，我終於忍不住透露了促成藝術團此行的幕後艱辛，大家聽了都感慨萬分，不勝唏噓。此次中國殘疾人藝術團蒞文交流，是我一生中經歷最為困難、也是收穫滿滿的活動。除了確保該團在文萊演出的成功，凡事都要親力親為外，我也應付了諸多的困難和不小的挑戰。不過，令我感到慶幸的是，我們不僅成功舉辦了三場聲勢浩大的演出活動，還為當地華人學校籌得三萬餘元文幣善款，不失為一件天大的好事。

一個星期之後，中國殘疾人藝術團在文萊的演出活動徐徐落下帷幕。兩國的文化交流活動雖然畫上了一個完美的休止符，但是成立文中民間友好交流協會的想法在當時便順勢而生。

後來，我便主動聯繫文萊的友人，積極籌措創立文萊－中國友好協會，以增進文中兩國人民的了解和友誼，推動國際交流與民間合作。

幸賴文萊各界人士的配合，經過多方溝通，在中國大使館等方面的大力支持下，我們終於等到了這一天的到來——二〇〇五年四月十八日，文萊－

中國友好協會宣告成立。協會成立以來，為兩國間的友好往來與經貿合作作出了重要的貢獻。我也成為文萊—中國友好協會最早的發起人之一。

文萊—中國友好協會成立後，我曾擔任過首屆理事會秘書長，現任常務副會長一職，一直積極參與各項促進中國—東盟多邊合作的活動，同時努力尋求文萊與中國雙邊商貿合作的機會。

我們這個友好協會作為文萊與中國之間友好交流與合作的機構，一直致力於組織中國各地（包括南寧、南京、寧夏等）經貿代表團到文萊開展推介活動，並組織文萊工商界人士到中國各地考察、交流、訪問洽談等合做事宜。

不僅如此，文中友好協會以中國—東盟多邊合作為契機，積極參與各項促進中國與東盟發展的活動，起到很好的溝通橋樑的作用。例如中國—東盟博覽會期間的論壇、泛北部灣論壇、「魅力東盟，走進中國」、廣西南寧中國—東盟商務區推介活動，以及開展南京、寧夏等地與文萊的雙邊經貿、文化、旅遊合作等。

值得一提的是，我們這個協會除了歷年舉辦接待、參展、交流活動外，還向本地企業家提供更優質的服務，並於早期成功主辦了商業午餐會，邀請到中國國家主席等領導人的出席，一度傳為佳話。

此外，文中友協迄今還承辦了第二和第十屆中國—東盟民間友好大會，獲得一致好評。我本人先後擔任這兩屆大會的主席一職。

二〇〇七年六月二十日，第二屆中國—東盟民間友好大會在文萊舉辦。來自中國對外友協和中國東盟協會以及東盟十國民間友好組織的代表和工商界人士一百五十多人出席了大會開幕式。

大會主賓、文萊外交與貿易部無任所大使瑪斯娜公主表示，加強民間交往是東盟與中國雙方的共同願望。近年來，東盟與中國的關係發展迅速，雙邊貿易大幅增長，在信息與通信技術、運輸、能源、文化以及抗擊自然災害等方面的合作全面展開。她相信東盟與中國擴大合作必將進一步增進地區和平與繁榮。

二〇一五年十一月三日至五日，第十屆中國—東盟民間友好大會再次在文萊首都斯里巴加灣市舉行，來自東盟各國及中國的民間友好組織、民間團體和商界代表出席。中國東盟協會會長顧秀蓮應邀率團參會。文萊內政部長巴卡爾、初級資源與旅遊部長阿里、教育部長蘇約伊、斯里巴加灣管委會主席拉赫曼、中國駐文萊大使楊健等出席了相關活動。

大會期間，各國代表圍繞「共築民間友誼，共享和平繁榮」這一主題暢所欲言，回顧總結東盟與中國在各個領域的交流與合作，並為擴大民間友好、促進各方互信、共謀未來發展廣開言路，獻計獻策。

在文萊期間，顧秀蓮會見了文萊外交與貿易部無任所大使瑪斯娜公主，訪問了具有九十三年歷史

GUEST OF HONOR
YANG BERHORMAT
PEHIN ORANG KAYA SERI KERNA DATO SERI SETIA (DR)
HAJI AWANG ABU BAKAR BIN HAJI APONG
MINISTER OF HOME AFFAIRS
BRUNEI DARUS
4th November

文萊內政部長巴卡爾
向中國東盟協會會長
顧秀蓮頒授「東盟一
中國民間友好使者」
稱號。右 2 為文中友
協會長洪瑞泉，右 1
為陳家福。

的文萊中華中學，並出席了文萊─中國友好協會成
立十週年慶祝活動。大會還向顧秀蓮頒授了「東
盟─中國民間友好使者」稱號。

四日晚，參會代表和三千多名當地民眾同樣在
文萊傑魯東圓形劇場共同觀看了由文萊中華中學師
生呈獻、富有中國和東盟國家文化特色的一場盛大
文藝演出，將整個活動推向高潮。

回顧十年，風雨兼程。文萊─中國友好協會現
已成為文萊與中國開展民間交往的重要平台，作為
民間文化交流的第二座橋樑，積極協助政府開展民
間外交和對外交往，為推動兩國的關係發展作出了

重要的貢獻。

　　於我而言，無論是緣於肩負的責任或是心中的夢想，我都要一如既往地致力於文萊與中國乃至中國與東盟各國的文化、民間交流活動，在促進中國與東盟各國民間友好交往，締造睦鄰友好、和諧共贏的關係中，發揮自己的專長，為中國與東盟各國的發展作出自己應有的貢獻，為中國與世界各地合作開展「一帶一路」建設奉獻心力。

顧秀蓮等與參加第十屆中國—東盟民間友好大會文藝演出的小演員合影。左3為文中友協會長洪瑞泉，右3為陳家福。

中文民間友好情

武　炯

（中國人民對外友好協會亞非部副處長）

在全世界的國名中，有的叫共和國，有的叫王國，有的叫聯邦，還有的叫合眾國，這些都反映了一國的政體。而在這一百九十多個國名中，有一個卻很特別，不能讓人一眼看穿它的含義：文萊達魯薩蘭國，簡稱文萊。只有查閱馬來語的原文，你才能豁然開朗：Negara Brunei Darussalam，Negara 意為「國家」，而 Darussalam 意為「和平之邦」，寓意警惕，並求安定。「Brunei」一詞來源於梵文，是航海者的意思。

文萊究竟是怎樣的一個國家？為什麼要將「和平」「安定」直接寫入自己的國名？文萊和中國又有著怎樣的聯繫？有幸在中國人民對外友好協會（簡稱「全國友協」）東南亞處工作的我，有幸通過兩次訪文的旅程和幾次接待文萊政府和民間代表團，對文萊有了些了解，對中文民間友好有了更多的認識。現願與各位分享。

　　文萊古稱浡泥，位於亞洲東南部，加里曼丹島西北部，總面積為五千七百六十五平方公里，人口只有四十多萬。作為一個地「廣」人「稀」的「袖珍小國」，這裡彷彿介乎鄉村與都市之間：清潔、安寧，滿眼藍天白雲，滿目親切祥和。文萊人純樸平靜，神情和善，與之對視，總有微笑回應。文萊人汽車擁有率極高，平均每家至少擁有兩輛汽車。走在大街上，幾乎看不到行人，出租車在這裡是「稀有動物」，全國只有不到四十輛。寬闊的道路上車輛也少，和擁堵的北京對比鮮明，而且還有速度下限，彷彿每條路都是高速路。

　　文萊是個以原油和天然氣為主要經濟支柱的國家，其石油儲量居東南亞第二，僅次於印尼。油多人少造就了這個排名世界第六的富有國家，也讓文萊的油價相當便宜，據說每升 97 號汽油 0.53 文元，相當於一瓶可樂的價錢，柴油更加便宜，只要 0.31 文元每升，還比不上一瓶礦泉水的價錢，而且這價格三十多年來沒有變過。得益於高額的 GDP 和政府財政，文萊全民免稅，國內教育和醫療服務全部免費。此外，政府對個人建房也是十分優待。

　　文萊是一個「主權、民主和獨立的馬來穆斯林君主國」。因此，清真寺是文萊的代表性建築。金碧輝煌的大清真寺與紅瓦尖頂的小禱告堂交相輝映，散落在文萊的各個角落，彷彿一顆顆異彩繽紛

的珍珠。在首都斯里巴加灣市,著名的清真寺有兩座,一座是以現任的二十九世蘇丹名字命名的蘇丹哈桑納爾‧博爾基亞清真寺,由主體建築和四個尖頂圓塔組成。主體圓頂和配搭圓頂均為 24K 純金製成,耗金二點四噸,拱頂的內部飾有色彩豔麗的玻璃。清真寺的二十九個金碧輝煌的小圓頂是為了紀念文萊王朝的二十九位蘇丹,四座五十七米高的塔尖裝飾著藍色和白色的馬賽克,高高矗立,肅穆又華麗,散發著具有濃郁文萊特色的伊斯蘭文化氣息。另一座是以現任蘇丹父王二十八世蘇丹名字命名的奧瑪爾‧阿里‧賽福鼎清真寺,整座建築巍峨高大,莊嚴肅穆。賽福鼎清真寺三面環水,鬧中取靜。巨大的圓形金頂和鏤空的乳白色尖塔一派豪邁風格,據說金頂由三百三十萬片金片鑲成。

除了清真寺,還值得一提的是文萊擁有世界上最大的皇宮,即現任蘇丹居住的奴魯爾‧伊曼王宮。據說裡面有一千七百多個房間,裝飾金碧輝煌,十分華貴。作為這個君主制國家中最莊嚴和至高無上的地方,皇宮在文萊的國慶日或開齋節對外開放,平民可以前往參觀奢華的宮殿,還可以和蘇丹握手。

中國與文萊

西元十世紀,當時的淳泥國就與中國建立了友好關係。可以說,中文友誼歷史悠久,源遠流長。

同時，由於浡泥國位於當時東、西洋海上交通的樞紐之地，地理位置重要，鄭和第一次下西洋時就訪問了此地，並封前國王世子麻那惹加那乃為浡泥國王，授予印符、誥命。明永樂六年（1408 年），麻那惹加那乃國王攜王后、子女及陪臣等一百五十餘人遠涉重洋，回訪中國。而後，麻那惹加那乃病逝於南京，按其遺囑「體魄托葬中華」，明成祖朱棣以王禮將他安葬於南京。明成祖還下詔書，宣布由麻那惹加那乃之子繼承王位，並派人護送他歸國。臨走前，明成祖設宴為他餞行，並賜贈黃金、白銀。可見明成祖對浡泥國的重視和兩國當時的友好情誼。從此，中文間的友好交往、經貿往來以及使節互訪絡繹不絕。

一九九一年九月三十日，中文兩國正式建立了外交關係。建交以來，雙邊關係發展順利，各領域友好交流與合作逐步展開。一九九九年，兩國簽署聯合公報，進一步發展在相互信任和相互支持基礎上的睦鄰友好合作關係。二〇一三年，兩國建立戰略合作關係。

中文關係發展順利，得益於歷史上的友好往來，得益於兩國平等相待、交往有信，當然也離不開兩國高層間的常來常往和對兩國友好的高度重視與親力親為。文萊的瑪斯娜公主殿下正是對文中友好特別熱心、關心和上心的一位。瑪斯娜公主是現任蘇丹的胞妹，不僅是文萊王室成員，也是文萊外交與貿易部的無任所大使。公主曾九次訪華，並多

二〇一一年六月，中國人民對外友好協會授予瑪斯娜公主「人民友好使者」稱號。圖為中國人民對外友好協會顧問、中國東盟協會會長顧秀蓮為瑪斯娜公主頒發勛章。

次參加兩國政府和民間舉辦的各種活動。二〇一一年六月，全國友協授予瑪斯娜公主「人民友好使者」榮譽稱號，並由中國東盟協會會長、時任全國人大常委會副委員長顧秀蓮女士親自頒發獎章和證書。而顧秀蓮會長與瑪斯娜公主之間的友誼也成為兩國關係的一個縮影。

二〇〇七年，顧秀蓮會長率團訪問文萊，出席第二屆中國—東盟民間友好大會，期間與瑪斯娜公主會面。兩人一見如故，從此以姐妹相稱。而此後公主正式訪華或來華出席活動時，也都要抽空見見她的「大姐」。二〇一五年十一月，第十屆中國—東盟民間友好大會再次在文萊舉辦，顧秀蓮會長再

次率團訪文。因為工作人員把會見時間通知錯了，公主一直在外交部會客室等待。當得知會見時間出現偏差後，顧會長馬上取消了有關日程，迅速乘車前往外交部與公主見面。公主在電梯口迎接，擁抱貼面禮後，與顧會長手拉著手走進了會客室。兩人又是敘舊，又是拉家常，相談甚歡，原定半小時的會見延長到了一個多小時。而在會談中，我也有幸了解到兩人的友誼為何如此珍貴難捨：在二〇〇七年的那次會見中，公主雖以無任所大使之職會客，但作為皇室成員卻享有皇家的禮數待遇。當她發現顧會長坐的椅子是小一點的沒有扶手的椅子後，立即讓禮賓人員將自己的椅子換成了和顧會長一樣的。這一小小的舉動讓顧會長感動不已，更體現了公主的平易近人和對中國客人的尊重，因此顧會長時常稱讚說「公主是特別親民的、中國人民的老朋友」。

民間友好

「國之交在於民相親」，堪稱不同制度國家間平等相待、互利合作、和諧共處典範的中文關係也得益於兩國的民間友好工作。而這其中，更離不開由全國友協於二〇〇四年發起的中國—文萊友好協會（簡稱「中文友協」）以及二〇〇五年由文方洪瑞泉先生、陳家福先生等當地華裔發起的文萊—中國友好協會（簡稱「文中友協」）。成立十多年來，

兩國的友協始終以友誼、合作、和平、發展為己任，通過互訪、文化、體育、青年等活動為加深中文民間友誼而努力。

談到兩國的民間友好事業，就不得不提文中民間友好事業的開拓者、實踐者和傳承者洪瑞泉先生。洪先生祖籍福建，自協會成立起便擔任了文中友協的常務副會長，二○一五年起擔任協會會長。洪先生作為文萊傑出的華裔商人，以商貿合作為橋樑，以文化藝術為紐帶，以廣西作為開啟雙邊合作的立足點，以中國—東盟多邊合作為契機，積極參與各項促進中國與文萊民間友好的活動中。

斯里巴加灣市有一所著名的文萊中華中學，是

早期移居文萊的華人先輩為了傳承中華文化，讓子女學習母語而於一九二二年創辦的。歷經近百年的風風雨雨，克服了各種困難，文萊中華中學不斷發展壯大，成為文萊最大的華語學校，為文萊的華語教學作出巨大的貢獻。而洪先生正是文萊中華中學的董事長。洪會長曾表示：「華校教授中文、馬來文和英文三種，這讓在文萊的華人、華僑都覺得很幸運。因為我們看到二十多年來中國的經濟已經在高速啟動，文萊人能夠懂得三種語言，以後就可以順利地和中國人溝通，這對學生的未來更好。」學校從一九二二年創校時僅有二十二名學生，發展到目前擁有三千多名學生。文萊蘇丹曾兩次來校參觀。特別是二〇〇二年十月二日文中慶祝創辦八十週年時，蘇丹親自主持了慶典開幕儀式。蘇丹的兩次到訪是對文中華語教學的認可和支持。

洪會長除了擔任協會會長、華校董事長，還有一個更加沉甸甸的職銜——文萊武術總會主席。「武術在文萊是一種新的表演形式，」洪會長這樣表示。每年，文萊中華中學都會進行武術表演和舞龍舞獅表演，當地很多人都過來欣賞，十分熱鬧。此外，每年文萊武術總會都會帶領武術隊和舞龍舞獅隊到中國部分省市培訓，讓兩國的年輕人有更多的交流接觸。「我們正是通過這種形式向大家介紹中華文化在文萊的傳承，讓文萊友族了解中華文化的博大精深，」洪會長說。

二〇一六年是中國與文萊建交二十五週年，兩

國關係站在了新的起點上。我們有理由相信，還將有更多像瑪斯娜公主殿下和顧秀蓮會長姐妹情深的故事會在兩國人民中間出現，還將有更多像洪瑞泉會長一樣熱心兩國民間友好的人士不斷湧現。願中文民間友好情開出更加鮮豔的花朵，結出更加豐碩的果實，生生不息，代代相傳！

熱心公益事業，樂於奉獻社會

——記文萊—中國友好協會會長洪瑞泉

劉新生

（中國前駐文萊大使）

　　文萊與中國隔海相望。在這個四十餘萬人口的
「和平之邦」，居住著五萬多華人，他們以華族特
有的方式融入社會，平和富足地在此展枝繁葉，為
當地的經濟發展作出了重大貢獻，同時為推動中文
友好關係發揮了重要作用。其中最突出的一位當數
文萊—中國友好協會會長洪瑞泉先生。

中國大使館的編外「館員」

　　一九九一年九月三十日，錢其琛外長在紐約出
席聯合國大會期間，與文萊外交部長穆罕默德·博
爾基亞親王殿下簽署了中文兩國建交公報，決定自
聯合公報簽署之日起，兩國建立大使級外交關係。
文萊是東盟第六個成員國，也是最後與我國建交的
東盟國家。中文外交關係的建立，標誌著中國與東
盟國家關係的全面提升。當時，雙方委任各自國家
駐馬來西亞大使兼任駐對方國家大使。為適應兩國
關係不斷發展的需要，一九九三年八月，雙方商定

在各自首都互設使館，並互派常駐大使。同年十月，我從中國駐印尼使館奉調回國，準備出任首任常駐文萊大使和著手籌備各項建館工作。此前，我雖曾參與中印尼復交後的建館，但文萊與印尼情況不同。因為中文建交之前，兩國交往很少，初到文萊，我們可以說是比較陌生。

正當我為籌建使館犯難之時，文萊傑出華人洪瑞泉先生隨文萊蘇丹訪華先遣組領隊、文萊外交部禮賓司司長阿卜杜拉先生來京。洪先生積極與我取得聯繫後，他們夫婦在王府井一家穆斯林餐廳宴請我這位候任大使和夫人，阿卜杜拉先生出席作陪。席間，洪先生向我們熱情地介紹了文萊的人文地理、王公貴族及華人情況，並說他在首都斯里巴加灣市擁有一家四星級旅館（泓景酒店），如果中國建館需要，他願意提供方便。當時，我真是喜上眉梢，沒想到有人找上門來，幫我們排憂解難。就這樣，中國大使館建館先遣組很快進駐了泓景酒店。同年十二月八日，中國大使館在泓景酒店門前升起了第一面五星紅旗，舉行了開館儀式。洪先生和其他二十六位華人朋友出席開館儀式，見證了這一莊嚴的歷史時刻。

一九九三年十二月二十六日清晨，在新年和中國傳統節日春節前夕，我從北京乘文萊皇家航空公司 BI622 航班飛赴文萊履新，並於當日中午抵達文萊。阿卜杜拉先生作為文萊外交部代表和洪先生等華人到機場迎接。當時，阿卜杜拉先生已內定出任

文萊駐華大使，我們相互之間很自然地產生一種特別的親近感。我一下飛機看到老友前來迎接，倍感喜悅，我們相互擁抱。在機場貴賓室愉快交談和稍事休息後，由洪先生等人陪同，我乘車去中國大使館先遣人員下榻的泓景酒店。從此，我開始履行作為中華人民共和國首任常駐文萊達魯薩蘭國特命全權大使的職責，這是我多年外交生涯中的一個重要經歷。

在洪先生的熱心幫助下，使館各項工作開展十分順利。在使館購置的外交用車尚未到達前，洪先生將他傢俬車——一輛奔馳三○○無償提供大使使用。一九九四年春節是我們在文萊度過的第一個中國傳統節日。為安撫大使館人員節日思鄉之情，洪先生與夫人商量，把我們全館人員請到他的私人別墅，與他的家人一起歡度除夕。我們在別的使館過

春節時，一般是使館內部聯歡一下，很少全館人員到華人家待一個晚上。那天在洪先生家幾乎耍了個通宵，先是聚餐，然後有的打麻將，有的唱卡拉OK，有的打檯球。十二點又吃夜宵，吃飽喝足了，開始第二輪娛樂，快天亮了才回館。館員們感到在國外過了一個開心的除夕之夜，個個心中樂滋滋的。我們使館在泓景酒店大約住了三個多月時間，對使館提出的要求，只要洪先生能做到的，他都盡量予以滿足。使館人員深有感觸地說，洪先生無形中發揮了建館「顧問」與編外「館員」的作用。

我們夫婦在文萊任職四年半的時間，一直與洪先生保持著密切的聯繫。一九九八年四月，我們任滿回國，洪先生等華人朋友都到機場送行，依依不捨。此後，我們彼此都十分珍惜那份真摯的友誼，隔三岔五有所聯絡。二〇一一年初，文中友協成立五週年之際，我作為中文友協副會長應邀出席文中友協成立五週年各項慶祝活動，受到洪先生等文萊朋友的熱情接待。在慶祝大會上，我宣讀了中國人民對外友好協會、中國東盟協會和中文友協的聯名賀信，高度評價文中友協成立五年來為增進兩國人民相互了解，促進雙方在經貿、文化、教育等領域的交流與合做作了大量卓有成效的工作，已成為促進中文兩國人民友好的紐帶。我衷心祝願文中友協不斷發展壯大，取得更大的成就。會後，文中友協還舉辦了一場聯歡大會。我們夫婦走上熟悉的舞

台，對熟悉的朋友唱了幾支大家熟悉的華語歌曲。
洪先生興致勃勃地走上舞台，緊緊握著我的手，連
連誇讚「劉大使夫婦風采不減當年」。結束在文萊
的訪問，洪先生專程陪同我們夫婦赴新加坡小住數
日，在那裡，他又安排我們與一些新朋老友團聚一
番。至今，我們夫婦仍十分懷念在文萊度過的那段
美好時光和與洪先生夫婦之間的親密友誼。

為中文經貿交流牽線搭橋

　　二〇〇五年四月，祖籍福建的洪瑞泉先生出任
文萊—中國友好協會的常務副會長後，就開始尋求
兩國雙邊商貿合作的機會。經過慎重考慮，洪先生
以廣西作為開啟雙邊合作的立足點，以中國—東盟
多邊合作為契機，積極參與促進中國與東盟發展的
各項活動。

　　洪先生投資的第一站選擇了南寧，這個機會是
在中國政府大力推動中國—東盟多邊合作的背景下
實現的。自二〇〇四年十一月三日首屆中國—東盟
博覽會在廣西南寧成功舉辦後，博覽會迅速發展成
為亞太地區最具影響力和市場吸引力的品牌展覽會
之一。基於博覽會對投資貿易自由化和便利化的推
動，廣西先後開發建設中國—東盟經濟園區、中
國—東盟物流園區、中國—東盟國際商務區。東盟
各國商務聯絡部大樓便在這個背景下應運而生。

　　二〇〇五年三月，廣西壯族自治區人民政府在

北京廣西大廈召開座談會，邀請東盟十國、日本、韓國和港、澳特區政府駐京外交使節、辦事處負責人，通報了中國—東盟國際商務區的建設構想和相關各國及地區聯絡部大樓的規劃，揭開了「故鄉外的家」的建設序幕。各國和地區商務聯絡部大樓由廣西區政府部門交給各國和地區商務主管部門指定的承建方建設，承建方建設完成後，統一由廣西區政府正式移交給各國和地區商務主管部門，作為東盟十國、日本、韓國和港、澳特區政府在廣西南寧永久性的商務聯絡部大樓使用。自二○○五年中國—東盟國際商務區的建設構想和相關各國及地區聯絡部大樓的規劃出台後，文萊—中國友好協會在當年就與文萊工業與初級資源部簽署了文萊國家商務聯絡部大樓的承建以及管理諒解備忘錄，並於二○○七年五月二十八日在風嶺東盟國際商務區文萊基地園區舉行了盛大的奠基儀式。經過三年的建

二○○七年十月二十八日，在南寧參加第四屆中國—東盟博覽會的中國國務院僑辦主任李海峰和文萊—中國友好協會常務副會長洪瑞泉握手問候。（供圖：中新社）

設，文萊商務聯絡部大樓於二〇一〇年竣工。

　　二〇一〇年十月二十日，文萊商務聯絡部大樓率先舉行了啟用儀式。新落成的文萊國家商務聯絡部大樓主體建築面積八千平方米，設有展廳、會議室、行政處及活動中心。文萊國家商務聯絡部大樓的啟用，標誌著中國與文萊的關係邁上了新台階，成為雙方友好合作的新象徵。文萊國家商務聯絡部大樓啟用儀式的舉行，宣告中文兩國商界有了頻繁互動與合作的最好平台，開啟了東盟各國商務聯絡部大樓建成和移交使用的序幕。這標誌著廣西與文萊的商務合作邁上了一個新的台階，也表明中國與文萊乃至東盟各國今後在經貿文化領域的交流合作將更為緊密和便利。文萊國家商務聯絡部大樓正式啟用，不僅彰顯了文萊政府堅定發展對華經貿關係的決心，同時也顯示了承建單位——文中友協付出的巨大努力，文萊來華從事各種生意的商家從此有了一個「故鄉外的家」。文萊國家商務聯絡部大樓是兩國友好交往的一座橋樑，它跨越了國界，增進兩國人民的相互了解和友誼，進而促進雙邊經貿、教育和民間等多領域的合作。同時，隨著中國—東盟自由貿易區的不斷發展，它將發揮更加重要的作用，為兩國人民合作交流的美好前景作出更大貢獻。

　　自二〇〇五年決定在南寧投資以來，洪先生積極參與到各項促進中國—東盟多邊合作的活動當中。僅以中國—東盟博覽會為例，他每年都組織文萊商人組團參加，並積極介紹中國與東盟的優勢投

資項目。二〇一〇年十一月，他還開辦了《中國・東盟商界》雜誌，以媒體的方式對中國與東盟進行宣傳互聯，再次以創業的方式為中國—東盟自貿區的發展作出實際貢獻。二〇一〇年中國—東盟自貿區成立後，洪先生開始大力開展促進自貿區繁榮的各項活動，積極參與中國—東盟博覽會期間的論壇、泛北部灣論壇、廣西南寧中國—東盟商務區推介活動等。二〇一一年八月，他在參加泛北部灣經濟合作論壇期間接受了中外多家媒體的訪問，深入地分析了中國與文萊建交二十年以來在能源領域、農業技術領域以及共同開發南海等方面的合作，不但介紹了中國與文萊友好合作二十年來的一些具體成果，而且描繪了在中國—東盟自由貿易區框架下兩國未來在水稻種植業、漁業合作方面的美好發展前景。

多年來，洪先生致力於中國—東盟民間相互認識，相互理解。他始終相信，在經濟上得到了實惠，文化上的交流自然也就更加容易。通過相互了解，加深認識，部分國家之間的分歧也將得到寬容、和平的解決。通過跨國創業來營造和諧的氛圍，會是一個長期有效的交流方式。

致力於文萊華文教育事業

文萊華人開辦華文學校的歷史較早，現有的文萊華校最早開辦於一九一九年。一九二二年創辦的

華人中學，二次大戰後已初具規模。五○年代是文萊華文教育的鼎盛時期，華校一度發展到一百二十六所。文萊現有的華校大都創辦於此時，一些較早創辦的華文小學也陸續於此時開辦初中部和高中部。

英國殖民政府對華文教育的政策是允許其合法存在，給予部分資助，但逐步加強管理和同化。從一九五六年開始，政府規定給華文學校津貼的最高額以學校年經費的半數為限。一九六九年八月二十日，文萊政府宣布停止對華校的資助，這使部分華校停辦或陷入困境。此後，華校只有依靠由一些熱衷於華文教育的華人組成學校董事會集資來維持。

目前，文萊有華文學校八所，其中中學三所、小學五所。華文中學設有高中部、初中部、小學部和幼兒部。華文小學也設有幼兒園。學制一般實行幼兒園三年、小學六年、初中三年、高中二年。華校現有學生七千多人，教職員工近四百人。因為教學質量較好，管理有序，也吸引當地一些馬來人把子女送到華文學校上學。各華人社團在促進華文教學與華人子女教育方面都不同程度地有所貢獻，每年一般都要向本社團屬下的品學兼優的子女發放獎學金。此外，學校還組織舞獅、武術、民樂等傳承華人文化傳統的活動，以增加華族學生的族群認同感。

在八所文萊華校中，以首都斯里巴加灣市的文萊中華中學最著名，它歷經九十多年的風風雨雨，

文萊中華中學

克服各種困難，不斷發展壯大，成為文萊最大的華
語學校，為文萊的華語教學作出巨大的貢獻。學校
從一九九二年創校時僅有二十二名學生，發展到目
前擁有三千多名學生，當地友族學生占百分之二十
五左右。教師除本地人外，還聘請了不少外國教
師，其中包括來自中國大陸的老師。值得一提的
是，文萊蘇丹陛下曾兩次來文中，特別是二○○二
年十月二日文中慶祝創辦八十週年時，蘇丹親自主
持了慶典開幕儀式。蘇丹的兩次到訪是對文中華語
教學的認可和支持。洪瑞泉曾多年擔任文萊中華中
學的董事長，既出錢又出力，為華人子女受到良好

教育立下了汗馬功勞。

　　文萊中華中學是早期移居文萊的華人先輩為了傳承中華文化，讓子女學習母語而於一九二二年創辦的，其辦學方針是為文萊華社、國民及旅居文萊的外國僑民子女提供教育服務。除教授華文外，文中還教授馬來文和英文。洪先生認為，文中採取三種語言並重，在文萊的華人、華僑都覺得很幸運，如果他們選擇華校，他們的子女就可以來文中學習。他強調，從上世紀九〇年代開始，隨著中國經濟的崛起，中文也越來越得到重視。從文中畢業的學生，早期只能到台灣去留學，近年來到中國大陸學習華文漸成流行趨勢。每年，學校都會派出數十名學生到中國參加夏令營活動。

熱心兩國民間友好的使者

　　民間交流是國家關係中的重要組成部分。如果說政府間關係對國家間關係起著決策性的作用，那麼民間交流則是國家間發展關係的基礎。政府與民間兩個渠道相輔相成、相互促進。為加強兩國與兩國人民之間的友好關係，二〇〇四年九月，在文萊蘇丹訪華期間，中國—文萊友好協會在北京宣告成立，為兩國人民架起文萊、中國交流橋樑中的一端。二〇〇五年四月十八日，在胡錦濤主席訪問文萊前夕，文萊—中國友好協會也宣告成立。雙方友協還簽署了一項諒解備忘錄，並達成如下共識：

文萊內政部長巴卡爾（右6）、中國東盟協會會長顧秀蓮（左6）、文萊一中國友好協會會長洪瑞泉（右5）及東盟各國的代表在第十屆中國一東盟民間友好大會開幕式上合影。

（1）雙方組織企業家、商人、經濟學家、技師、教師、醫生、科學家、新聞工作者、文學藝術界人士及其他方面人員互訪。（2）雙方開展兩國民間文化交流，互派藝術團組，互辦具有本國鮮明特色的各種展覽。（3）雙方互派專業考察與培訓人員。（4）組織文化體育代表團互訪。（5）在經貿、教育及社會或社團活動方面相互協助。（6）相互交換有歷史、文化、經濟、社會、教育和科學價值的出版物及有關音像製品。（7）促進兩國間的旅遊業。（8）將努力通過不斷達成的協議來鼓勵在其他領域的合作。

文萊一中國友好協會成立伊始，洪瑞泉先生就擔任常務副會長，二〇一五年二月換屆後，洪先生被選為文中友協會長。十多年來，由他領銜的文中

友協一直積極參與每年一屆的中國—東盟民間友好大會，並先後於二〇〇七年六月和二〇一五年十一月承辦了第二和第十屆大會，為推動中國—東盟民間交流作出了積極貢獻。與此同時，文中友協還積極參與中國—東盟博覽會的各項活動，促進中文在農業等領域的交流合作，介紹中國農業專家赴文萊種植水稻，積極參與了二〇一〇年上海世博會文萊國家館的展出。二〇一〇年十月，由文中友協負責的位於南寧的文萊國家商務聯絡部大樓正式建成啟用，在大樓內設立了文中友協的辦事處，舉辦了由文中友協編輯的《中國·東盟商界》雜誌推介儀式。不僅如此，文中友協還接待過多個赴文萊訪問的各類中國團組和文藝團組，所有這些為促進兩國的民間友好交流作出了重要貢獻。

此外，作為文萊武術總會主席，洪先生還致力於在文萊推廣中華傳統文化——武術。每年，文萊武術總會都會帶領武術隊和舞龍舞獅隊到中國部分省市培訓，讓兩國的年輕人有更多的交流接觸，還在使館的一些重大活動（如國慶招待會等）及華社聚會上表演。他認為，正是通過這種形式向大家介紹中華文化在文萊的傳承，讓文萊友族了解了中華文化的博大精深。

由此可見，文中友協不僅為雙方民間交流提供了新的渠道，而且已成為促進中文兩國人民友好的橋樑。其中，洪瑞泉先生和文中友協的朋友們功不可沒。

文萊河上龍舟競技

孫　曼

（南京市外辦亞非處處長）

　　文萊位於加里曼丹島北部，被馬來西亞東部的
沙巴和沙撈越兩個州包圍著，是個只有四十萬人口
的熱帶國家。文萊古稱浡泥國，早在漢代就與中國
有交往。明朝永樂六年（1408 年），當時的浡泥國
王麻那惹加那乃帶著全家及陪臣共一百五十多人來
中國朝聖，明成祖以極其隆重的禮儀接待了他們。
國王在當時的京城南京遊覽月餘，但不幸染上重
病，最終病逝於南京。明成祖遵其「體魄托葬中
華」遺囑，按王禮將其埋葬在南京，於是就有了位
於南京市雨花台區鐵心橋鄉東向花村烏龜山上的
「浡泥國王墓」。這段歷史被寫進了文萊小學教科
書。正因為這六百多年前的淵源，南京市與文萊首
都斯里巴加灣市結成友好城市。每年春天，在文萊
河上舉行的盛大的龍舟競賽，都會邀請南京的龍舟
隊參加。於是，二〇一六年我們幸運地如約來到文
萊。

　　從香港起飛，只要四個小時就可以抵達文萊。
從空中看去，身下是一大片綠油油的熱帶雨林，加
上很多個浮在海上的小島以及成片的紅頂小別墅。

下了飛機後，只見高大的椰子樹映襯著金碧輝煌的王宮和國家清真寺，彷彿來到了阿拉丁神燈的世界。人行道兩旁是五顏六色的三角梅，除了國內常見的玫瑰紅色之外，還有很多粉色和白色的，在熱帶明亮的陽光下顯得格外嬌豔、高潔。

一年一度的龍舟賽是當地的重大節日。除本國的龍舟隊之外，還有不少來自印尼、馬來西亞等鄰國的友好隊，划龍舟的是清一色的健壯小夥，渾身曬得黑黝黝的，一笑露出一口白牙。他們一邊划著槳一邊整齊地呼喊著口號，當一艘艘裝飾得五彩繽紛的龍舟在水面上你爭我趕的時候，兩岸的觀眾席上也熱鬧非凡。很多市民拖兒帶女前來觀看。文萊沒有計劃生育，一般家庭都有四五個孩子，甚至還有七八個的。一大家子人身著正宗的民族服裝，喜氣洋洋地外出觀看龍舟競賽，十分壯觀。尤其是不同年齡段的婦人與少女，穿著五顏六色的馬來長袍，裹著與長袍色彩式樣配套的圍巾，走在整潔寬敞的大道上，顯得婀娜多姿、端莊嫵媚。

文萊是伊斯蘭君主制國家，蘇丹今年已屆古稀之年，但身材健壯挺拔，滿面紅光，面露慈祥和藹的笑容，看上去非常平易近人。一天中，除給一百多支龍舟隊伍熱情頒獎之外，蘇丹還多次巡視觀眾席，與眾人握手。當地人一見到他就全體起立，行注目禮，還有很多人上去虔誠地吻他的手，看來蘇丹在臣民中威望確實很高。舉行龍舟賽的文萊河又寬又長，波浪湍急，河邊就是著名的「文萊水

村」。水村過去全是用木頭或鐵皮蓋成的高腳小房子，人們靠捕魚為生，撐著小船進出，生活很不方便。後來文萊成了富裕的產油國，於是由政府出資建造了一大片鋼筋混凝土結構的水上別墅，每棟房子底部都有高架支撐，深深地插在河水中。水村已成為文萊的一大景觀，村口有「一村一品」農產品展銷室，所售產品有竹編的小包、小籃子，有木製和籐製的日用品。還有賣各類自製食物的，多為高糖高油的油炸類食品，所以當地人大多數都比較豐滿，每個人的臉上都掛著親切和善的微笑。我們在國內所熟悉的那種焦躁與警戒的表情，這裡幾乎很少見到，感覺就是一片海上的世外桃源。

去參觀國家清真寺的時候，正值傍晚的祈禱時間，夕陽照在金燦燦的清真寺圓頂上。寺廟裡跪滿了虔誠的信徒，四周靜悄悄的，唯有一個渾厚的男

文萊蘇丹哈桑納爾為參加龍舟賽的南京市民龍舟隊頒發紀念獎牌。

聲正在誦讀《古蘭經》，聲音透過屋頂的擴音器傳遍首都斯市。那聲音拖得長長的，既充滿了威嚴，又似乎帶著一絲憂愁。我們雖然聽不懂，但都情不自禁地停下了腳步，心中彷彿感受到一種無法名狀的震撼。

我在文萊教華文

杜 豔

（文萊中華中學教師）

　　二〇一三年，幸運的我被選派到文萊中華中學援教，來到這個陌生的國度，感受到不一樣的文化、不一樣的環境、不一樣的習俗。剛開始的一段時間，我擔心不能很好地與學生溝通，工作壓力又大，很累，晚上失眠，挺不適應的。但我很快調整好自己的心態和生活方式，學生的單純、天真、可愛，同事的純樸、善良、熱情，讓我很快就融入了這裡，並愛上了文萊這片熱土。

　　在這裡上班，我每天都是帶著愉快的心情開始一天的工作。在上班路上，就會有很多孩子熱情地跑過來和我打招呼，有教過的學生，也有沒教過的學生。我第一年和第二年都教小學一年級華文，從拼音開始教，因為有部分馬來語和拼音發音不同，有些馬來族的小朋友由於母語的習慣很難轉變過來，我需要把這些容易混淆的發音用形象的方式反覆地讓學生們練習掌握。我姓杜，對這裡的孩子來說，要發好這個音是很不容易的。他們的發音習慣裡沒有第四聲，剛開始有個孩子拉尼婭叫我「讀」老師，甚至上課問好都叫的是「讀老師午安！」每次

我都糾正說：「我愛讀書，但是我不是讀老師，我是杜老師。」一邊說還一邊做第四聲的手勢，拉尼婭也跟著我，一邊打手勢，一邊跟著念幾遍。之後很多次見面，都有學生跑過來打著手勢叫：「杜老師早安！」如果叫錯了，我一做四聲的手勢，他們便會馬上改過來，然後再開心地跑開。還有的孩子 d 和 t 發音混淆，叫我「兔」老師。於是我一邊做兔子跳的動作，一邊說我不是 rabbit 兔子老師，然後拍拍肚子打第四聲的手勢，說我是杜老師。學生一聽哈哈大笑，說不是 rabbit 兔子老師，是杜老師。

去年教過的孩子，今年不再教了，可是不管在任何地方，不管離多遠，孩子們看到我都會熱情地和我打招呼，一直要喊到我聽到為止。有幾個女生還經常跑過來和我擁抱，緊緊地抱著我。Vernice 是我第一年教過的學生，直到今天，她每天都還會來害羞地和我抱抱。每天一走上教學樓的樓梯，到二青班門口，就會有幾個孩子跑過來，開心地跟我問好，然後陪著我走到辦公室門口。孩子們每一次問好、每一次擁抱，都讓我心裡暖暖的。孩子們的愛讓我堅持著，讓我每天的工作都充滿了激情，讓我累並開心著。

每天上課，孩子們和我都是輕鬆開心度過的。他們有不理解的問題會提出來，我便使出渾身解數來解答。有時為了幫助理解一個詞語的意思，我會用上一些英語，再加上手舞足蹈的比畫，有時再加上幾筆簡單的簡筆畫。直到看到他們點著頭說：

「哦，老師，我知道了。」那是我覺得最有成就感的時刻。

　　班上的孩子也越來越喜歡學華文了。這一學期，我們年級新開設了一個閱讀寫作專班，每個班選五個同學利用課外的時間參加學習，以進一步提高他們的華文水平。我在黃班一講這個消息，很多同學紛紛舉手表示要參加。看到同學們這麼踴躍，我的心裡可高興了。可是名額有限，我知道有些孩子在參加其他活動，就提醒這個時間有參加其他活動的同學就可以不參加，以後有機會再參加。話音剛落，慧玲就站起來講：「杜老師，我在學習武術，但是我可以跟武術老師講，我晚一點再去，沒有關係的。」佳瑜聽了，生怕自己不能參加，馬上站起來說：「我在補習，可是我可以跟補習老師講，我可以提前半個小時離開。杜老師你選我吧。」玟明迫不及待地說：「我沒有參加其他活動，我每天都可以來，選我選我！」……看著同學們學華文有這麼高的熱情、這麼濃厚的興趣，我的心裡很感動，都不忍心不選誰。

　　當我唸到天樂名字的時候，他開心地跳了起來，一整天臉上都露出掩不住的喜悅。可是第二天，他卻一臉憂心忡忡地來找我：「杜老師，我有一天不能來參加閱讀和寫作專班，怎麼辦呢？我會被取消嗎？」原來是這樣，我鬆了口氣，還以為發生什麼事情了。我很肯定地告訴他：「一次不能來沒關係的，其他時間來認真學習就可以了。」聽完

我說的話，他的臉上才又恢復了笑容：「耶！太好了！謝謝杜老師，我最喜歡你！」說完，高興地和同學一起去玩了。過了一會兒，天樂的爸爸又來找我，他不知道孩子找過我，說今年我教了天樂，天樂的華文提高很多，比以前學習更有興趣了。以前他回家只用英語和家長交流，現在回家會用華文交流，每天回家都要讀華文書，還教妹妹讀，並讓家長買華文書給他看。看到孩子們越來越喜歡華文，看到他們的進步，我覺得來文萊援教很有意義，於是毫不猶豫地申請延長援教年限。

二〇一六年，為了提高學生學習華文的興趣，低小特地舉辦了華文歌唱比賽。報名的時候，同學們都很積極踴躍。上課時，我打算讓參加比賽的同學上台唱華文歌，一來可以讓他們得到鍛鍊，二來也可以給其他同學啟發，希望同學們得到藝術的薰陶，以後肯定會有更多的同學唱華文歌。當我問：「誰願意上台來為同學表演唱歌？」誰知沒有同學願意唱，我傻眼了，只好叫薇淇上台先唱，因為平時她膽子最大，上課也愛回答問題。看到我這麼肯定，她慢慢地走上講台，問我：「老師，我可以不唱嗎？」「為什麼不唱呢？」我感到很好奇。薇淇說：「我唱華文歌，怕他們笑我。」原來，平時學生唱歌都喜歡唱英文歌，她擔心唱得不好同學會笑她。我說：「我保證我不會笑你，你有勇氣參加華文歌唱比賽已經很了不起了，老師都為你鼓掌，我相信同學們也不會笑你的。」「但我還是很害羞，

不好意思在同學面前唱歌。」「你比賽的時候會有評委老師聽你唱，還有很多不認識的同學和家長，還有更多的老師聽你。你現在大膽地唱，練好了，到時你就一點都不會害怕了，杜老師和同學們會為你們加油的。」這時，教室裡響起了掌聲，還有同學喊：「唱吧，薇淇，你最棒！」薇淇感覺受到了鼓舞，眼睛看向我，我微笑地對她點點頭，她露出了笑容，抬起頭開始放聲歌唱。同學們靜靜地聆聽，感受著華文歌曲的美妙。薇淇唱完歌，大家熱烈地鼓掌。

　　端午節吃粽子，是一件很平常的事情。可是我到文萊第一次過端午節吃到的粽子，讓我特別難忘。雅娜是我班上的華人小朋友，胖乎乎的，十分可愛。每天上完華文課，她總會跑過來找我聊上半天，總有問不完的問題，還經常畫畫送給我，有時還配上一段甜蜜的話。端午節要到了，有一天他們班上的華文課剛好是最後一節，放學後，雅娜的媽媽塞給我兩個粽子。我很不好意思，說：「你太客氣了，留給雅娜吃吧。」她說：「馬上就是端午節了，這是我自己包的粽子，做法應該和中國的不一樣，包了很多我們這兒的食材。嘗嘗吧，看看和你家鄉的味道有什麼不同。你一個人跑這麼遠到這裡來教華文，挺不容易的，又不能和家人團聚，你就不要客氣了。」聽了這番話，我心裡太感動了，眼淚在眼眶裡直打轉。我只想說，這是我吃到的最好吃的粽子。

　　每年華人春節，文萊都要放三天假。在這期間，

華校會有一項特別的活動——舞龍舞獅為學校籌款，我所在的文中也不例外。每年春節，我都會參加這個活動。第一年參加只是想去感受一下，覺得中華文化在文萊傳承得很好。當我看到董事、校長為了學校辦學籌款，放棄休息時間，頂著烈日四處奔波籌款，心裡特別感動。文萊是沒有四季的，在文萊過春節沒有隆冬、沒有寒冷，一年只有一個季節——夏季，只有烈日高照，相當於中國七八月最熱的時候。二〇一六年大年初一，一大早我就跟副董事長、學校龍獅隊出發了，出去就是一整天。陽光非常強烈，天氣十分炎熱，因為龍獅隊的表演都在戶外，我們隨隊的董事和老師也要在旁邊做些相關的工作，一天要跑很多家。太陽曬得睜不開眼睛，汗水濕透了衣服，感覺皮膚上的熱氣散不出去，我們年輕人都覺得很辛苦，受不了。而副董事長已經七十二歲了，還放棄和家人、親朋的團聚，不停地東奔西跑，忙裡忙外，帶著大家到處籌款，為學校作貢獻。我非常敬佩他。我在他們身上看到了中華文化傳承的不易，正是有了這些前輩的努力，中華文化才得以更好地傳承。所以，春節的三天假，我就出去籌款兩天，雖然很辛苦、很累，但是能為華校更好地發展作出一點點的貢獻，我也覺得非常榮幸。

不知不覺，在文萊援教已經兩年半了，回憶這兩年多的點點滴滴，讓我感動，讓我快樂，讓我難以忘懷。在文萊援教的點點滴滴，將成為我人生中最美好的回憶！

一個東北大妞的「南下」之旅

余紅蕾

（文萊馬來奕中華中學中文教師）

「你帶著點兒大醬和鹹鴨蛋不？這到那兒全是寶貝，你去哪兒買去？！」「你再帶個枕頭吧，吃的怎麼著都能對付，可是這休息不好可怎麼都補不回來，蕎麥的枕頭睡著可舒服了！」每次離家之前，老媽都得這麼囑咐一通，一定要把我的箱子塞滿才肯罷休。就在這樣的準備之中，我的文萊志願者生活緊鑼密鼓地開始了。

我穿著羽絨服、大棉鞋，在北京零下十幾度的天氣裡登上了前往文萊的飛機。從小長在東北的我，除了上大學離開過家之外，就從沒去過其他的地方。對於剛剛大學畢業的我，走出國門，成為一名志願者教師，是怎麼也沒想到的事。來之前，對文萊這個國家，我充滿了期待和幻想，同時也充滿了疑惑和好奇。來到這裡已經快三個月了，我才對這個國家有了初步的認識和了解，打消了剛來時心中的迷茫和疑惑，更多了對志願者肩上責任的認識。

大妞「南下記」之一：為了孩子也是拼了！

來之前，對文萊的印象全部來源於「百度」。百度提供了以下幾個關鍵詞：石油、進口、富有、炎熱，以及那個我們曾經瘋狂追過的「飛輪海」吳尊的故鄉。帶著這樣的印象，我踏上了前往文萊的飛機。到達之後是這邊的校長接機，第一餐我們在學校附近的華人餐廳吃的晚飯，服務員會簡單的漢語，而且校長與同行的一位老師的漢語十分流利，更增加了我對這邊漢語水平的信心。第二天，我就開始了教學任務。我被分在了幼兒園。這邊的幼兒園分為三個年級，我分在了幼一，這些孩子剛入學一個月，還沒有熟悉課堂，不知道遵守課堂紀律。這便是我面對的第一個挑戰。

想要解決這一問題，溝通成了重中之重。部分孩子可以聽懂英語和漢語，但還有部分孩子只能聽懂馬來語，學習馬來語成了我的必修課。在開始幾天的教學中，我學習了簡單的馬來語，熟悉了孩子的性格和脾氣後，即使聽不懂說什麼，也知道他們要做什麼。慢慢地，一切步入了正軌。讓孩子聽話、聽講，是一個老師的責任，但這些責任並不全部歸結於老師，也需要家長的協助。熟悉了學生和家長後，第二個問題便這樣出現了。有些華人的家長，根本不和孩子講漢語，只說英語。這就使我的教學進入了困境。在學校的時間畢竟有限，回家如果家長不及時督促，幫助練習，那麼漢語真的無法

進步。這成了我教學以來最頭疼的問題。

　　為了搞清楚為什麼有些華人家長對小孩子漢語教育的意識不夠強烈，我請教了一些已經在這邊數十年的語文教師，這才對當地漢語教育的現狀有了初步的了解。第一，文萊是個伊斯蘭國家，政府對華校並不十分支持，導致這邊華校的教育受到一定的限制。第二，國民大部分都是穆斯林，相較於中國，中文並非教育部要求的考試科目，也不參加類似中國「會考」的考試，相對於英文和馬來文，自然處於較弱的地位。因此，家長對中文的重視自然受到影響。第三，由於是伊斯蘭國家，即使是華校也必須有一項特殊的課程——宗教課。一些穆斯林同學需要上宗教課，而那些非穆斯林同學則會留下上其他的科目。前面已經提到，中文並非政府指定的考試科目，所以不得已，這些宗教課都是占用中文課的時間，只有剩下的少部分學生留下繼續上中文課。但此時，老師也沒有辦法進行新的內容。第四，也是比較重要的一點，家長對中文的重視不夠，導致孩子們學習中文的熱情不夠高漲，所以中文學習一直處於不慍不火的狀態。這使得華校的處境十分困難，當然中文教育也受到了一定的影響。

　　為了改善這一情況，在課上，我增加了播放中文兒歌的時間，並且爭取只要學一個中文單詞，就會有一首對應的兒歌，激發小孩子學習漢語的興趣。在休息時間，我給學生放《大頭兒子小頭爸爸》動畫片。對於小孩子來說，看適當長短的動畫

片,能培養他們說話思維的成長,也能增強學習興趣,還是有所助益的。除了在課堂上增加培育興趣的活動,我也加強了同家長的溝通。初來乍到,跟一些家長還不是十分熟悉,慢慢接觸之後,我盡量了解孩子在家的情況,了解孩子的性格脾性,當然也會勸一些家長在家跟孩子多說漢語。這其中,最具挑戰的是跟馬來家長的溝通,為了讓馬來家長可以幫助小孩子學習漢語,我需要在課本上的漢語拼音旁邊標註上對應的英語,方便家長幫助孩子學習,當然潛移默化地家長也會學習一些漢語。

經過不斷地摸索和實踐,孩子和家長們學習漢語的熱情有所提高,學習成效顯著。這也使得我得到了些許成就感。不過我也明白,這只是萬里長征的第一步,還有很長的路需要我去探索前行。

　　與國內的課程設置相比，我所在的馬來奕中華中學的課程設置更為緊湊，雖然基本上每天下午都沒有課，但是早上從七點開始上課，一直持續到中午十二點半，這期間學生並沒有課間休息。不間斷地授課和學習，對老師和學生來說都是巨大的考驗。編排有趣的課堂活動，變成了教學課程必不可少的一部分。平日的教學活動是我們的分內之事，不足掛齒，不過很有幸的是在二〇一六年三月的假期，我所在的學校有機會和暨南大學合辦「中華文化大樂園」活動。

　　來自暨南大學的十多名老師來到馬來奕，教授孩子們剪紙、泥塑、草編、豎笛、腰鼓、舞蹈、歌唱、武術等中國傳統技藝。為期十天的文化樂園活動，同學們跟著中國老師，更加了解了中國的文化。這十天期間，我負責五年級藍班學生的管理工作，每天負責點名集合，組織學生參加相關學習，當然我也有機會跟著學生們一起學習這些即使在中國也無法學到的才藝。在這個文化大樂園期間，整個訓練營的孩子都積極參與老師的教學活動，在經過幾次課的訓練之後，學生們獨立做出了草編、泥塑以及剪紙作品，這使得他們對中國文化有了更廣泛的認識，並且增強了對漢語學習的興趣。

　　在訓練營的最後，每個老師都會選一些學生進行最後的匯報演出。很幸運，我所帶的班級被舞蹈

和腰鼓老師選中參加最後的表演。在最後兩三天的時間，我們集中進行彩排和訓練。腰鼓和舞蹈老師一遍一遍地陪著我們彩排，更正動作，提醒學生們表演時的表情、在舞台上的走位，一切都為了在最終的匯報演出中實現最好的演出效果。同學們和老師們都付出了很大的努力。在練習腰鼓時，第一項巨大挑戰就是需要長時間地捆綁腰鼓，因為在打腰鼓的過程中，由於劇烈運動，鼓很容易鬆掉，所以在一開始綁腰鼓的時候一定要十分用力，有的孩子到了第二天腰上已經開始瘀青。打響腰鼓需要手指夾住鼓槌，向腰兩側的鼓面打響，由於一開始孩子們打腰鼓的姿勢並不正確，有些孩子的手指會不經意地打在鼓上，長時間的訓練也使得孩子們的手上受傷不斷。孩子們雖然辛苦，但是腰鼓老師比孩子們還要費心更多。老師將動作教授給孩子以後，在排練整體效果時，總會有些地方不能實現，但由於時間有限，又沒有辦法強求孩子做到，老師在教的過程中，就不斷地改動作，使孩子們更容易吸收，更加容易實現整體效果。老師對待專業的態度，也使得孩子們更加認真地學習。在最後演出時，腰鼓作為開場節目，孩子們很早就要來化妝、換衣服、綁腰鼓，雖然等待時間很長，但孩子們一直不停地複習動作，以便最後表演時能夠展現出最完美的狀態。

除了腰鼓以外，我們還參加了舞蹈《弟子規》的匯報演出。相對於腰鼓來說，舞蹈並不需要過多

的道具，但是對學生們形體的要求確實更加嚴格。多數學生都是沒有舞蹈功底的，在做動作以及情感表達上總是不夠到位，為了讓孩子們能夠更加容易吸收，為了學生們能夠學有所得，舞蹈老師就邊排練邊改動作。而且，舞蹈老師堅持不丟下一個孩子，這才使得我們可以全班一起參加最後的演出。那些功底較差的孩子為了能跟上動作，即使課程結束也留下來練習，以確保最後演出的萬無一失。

為期十天的訓練營雖然時間不長，但是孩子們在這十天裡學到了很多的東西，當然也跟中國來的老師們建立了深厚的友誼。班上的孩子紛紛找各個科目的老師要簽名、要電話號碼，老師們都說，自己體驗了一回明星待遇。這一點，跟國內的孩子完

孩子們在後台等待中。

全不一樣，國內的孩子對老師更多的是怕，而這邊
的孩子則是把老師當成自己的朋友一樣，喜歡跟你
玩，喜歡跟你聊天。訓練營結束之後，好多學生還
特意去申請了微信帳號，不想跟這些中國老師失去
聯繫。經過這十天時間，我跟這些孩子們也成了非
常好的朋友，即使我並不是他們的語文老師，他們
平時也會到我所在的班級來找我，說一些他們最近
學習上的困惑以及煩惱。這讓我十分感動，也感受
到了與國內極大的不同。這十天，用一句話概括就
是：累，並快樂著！

大妞「南下記」之三：對生活的變化措手不及！

說完了教學和文化活動，該說說來文萊後的生
活了。相對於教學和學生時代的區別，生活方面還
是比較容易適應，除了這邊炎熱的天氣，其他的方
面都在接受範圍之內。例如這邊的食物，文萊華人
較多，到處都能看見上面有中國字的商店，華人超
市更是不勝枚舉。來之前我媽千叮嚀萬囑咐要我帶
的鹹鴨蛋和大醬，都陳列在這邊華人超市的貨架
上，遠遠沒有想像的難找。比較誇大地說，凡是你
在國內想要吃的食物，在這邊的華人超市你都可以
找得到。學校附近每週六的下午都有菜市場，本地
人叫「大幕」，裡面可以買到新鮮的蔬菜和海鮮。
當然還有一個重要的問題，在這個伊斯蘭國家，想

吃豬肉怎麼辦？實際上，在這裡，尤其當著穆斯林的面是不能談起豬肉這個話題的，也是不禮貌的。不過，在一些大型的華人超市，你可以在很隱蔽的小窗口找到豬肉製品，但是買了之後最好放在包裡，不要讓穆斯林看到，因為這樣十分不禮貌。

除了食物以外，當地馬來人以及本地華人的文化對我們來說也是相當新奇的。當地人十分熱情好客。我們剛剛到達的一個月以後，便是中國的新年，當地的老師便熱情地邀請我們去家裡吃飯，而且基本上所有的老師都會邀請你去他家吃家宴，你只要有時間、有肚子，就可以去當地人家吃到正宗的當地食物，而且還可以打包。（順便提一句，這邊幾乎所有人都會說一句漢語：打包！）只要你去別人家拜年，不論你是否認識這家人，主人都會為你準備食物，甚至還會給你包紅包。當地人的熱情好客，也使我的新年過得更加多姿多彩。

在去別人家拜年的過程中，我也知道了當地的另一種習俗。你只要進入了主人家的房子，一定要脫鞋。在國內，我們一般會在屋裡穿拖鞋，而這邊的習俗是光著腳，這是比較特殊的一點。我們第一次去別人家拜年，並不知道這一習俗，因為沒有在門口看見拖鞋，我們一行人就直接穿著自己的鞋走了進去。而主人也沒有直接提醒我們，怕我們不好意思，只是笑笑看著我們。經過旁人的指點之後，我們才知道這一習俗。

過新年時，當地的華人保留了傳統的慶祝活

動——舞獅。而在國內，已經很少能看到有舞獅走在街上，挨家挨戶地進行表演了。在當地，舞獅既是特色的新年慶祝活動，同時也成為華校新年籌款的一種方式。每個華校都有自己的舞獅隊，大家會去學校董事家拜年，又或者是到一些商社的成員家拜年，為學校下一年的開銷進行籌款。舞獅到達每一家，都會把主人家的每一個角落走一遍，為主人家新的一年祈福祝禱。不得不說，舞獅隊的成員雖然大多是學校的學生，但他們心靈手巧，能將主人家給的橘子或者柚子等水果擺成各種各樣的形狀，為主人家祈福。

在新年舞獅的過程中，最累的還是舞獅隊的學生們，他們每天要跑到各家舞獅，募捐籌款，雖然累，但他們的臉上一直帶著微笑。我曾經問他們，舞獅這麼累，你們為什麼還要在過年放假的時候來舞獅呢？他們的答案讓我出乎意料：「因為喜歡，

余紅蕾和學生們合影。

看到主人家因為我們的舞獅開心，我們也開心。」很簡單的理由，沒有傳揚中國文化的偉大理想，也沒有子承父業的宏偉抱負，他們就只是單純地喜歡。就是這種單純的「喜歡」，把中國傳統的文化一代又一代地傳承下去，並且發揚光大。可能他們認為這只是件小事，不過其意義已經遠遠超乎想像。

　　比起這些可以通過中國傳統藝術形式將中國文化傳承和發揚光大的人們，我們所能做的少之又少。教書育人是老師的天職，加強學生對中國的理解，提高學生們的學習興趣，是我們義不容辭的責任。「東北大妞」來到文萊，學到了太多，也明白了太多。學到了兩國文化的不同，學到了異國文化的精彩；明白了教書育人的責任，也明白了中國文化的重要性。我的探險之旅還在繼續，期待有更多與我們志同道合的人們不斷地加入。你的故事一定更加精彩！

重走鄭和睦鄰之旅，再譜中文友誼新章

—— 中國海軍「鄭和」號訓練艦訪問文萊側記
王天祥
（中國駐文萊使館工作人員）

二〇一二年九月十一日上午十點，伴隨著轟鳴的馬達和汽笛聲，中國海軍「鄭和」號訓練艦徐徐駛入文萊穆阿拉港皇家海軍基地。兩軍樂隊凱歌高奏，八一旗幟獵獵招展，甲板和艦橋兩側，中國海軍將士昂首挺胸，軍威雄壯。岸上數百名文萊皇家海軍官兵、當地華人和中國駐文使館工作人員拉著歡迎條幅，揮舞著中文兩國國旗歡迎「鄭和」艦的到來，儀式氣氛熱烈，場面隆重。

在為期四天的訪問中，雙方開展了一系列友好交流活動。軍艦首長先後拜會文萊軍政高層，出席國防部開齋節「開門迎賓」活動並與蘇丹陛下親切交談；文皇家海軍官兵和當地民眾、華僑華人踴躍參加軍艦開放日活動，參觀軍艦設備並與中國海軍官兵互動；艦上官兵有組織地上岸觀光遊覽，體會這個美麗國度的風土人情。幾天的訪問是中文兩軍和兩國人民的一次友誼大聚會。此情此景，讓人不禁翻開六百年前鄭和遠洋船隊到達文萊的宏大歷史

畫卷，重新回味那年代久遠的中文友誼之歌。

　　西元一四○七年和一四二一年，鄭和船隊先後兩次到達加里曼丹島北部的美麗國度淳泥，也就是今日「和平之邦」文萊的前身。百餘艘一百五十多米長、四倍於哥倫布帆船的鄭和寶船迎風破浪，旌旗招展；大明使臣衣著光鮮，將士甲冑鮮明，帶著中國福被四海、恩澤八方的和平願望，開啟了中國與文萊這顆「東南亞明珠」友好交往的先河。大量中國盛產的茶葉、瓷器、香料送給了當地人民。中文兩國和兩國人民被鄭和的「和平之訪」「友誼之訪」緊緊地凝聚在一起，兩國友誼自鄭和以降綿延數百年，佳話不絕於耳。鄭和是名副其實的中文友好的參與者、見證者。

二○一二年九月十四日，執行「和諧使命」環球航行任務的中國海軍「鄭和」號訓練艦圓滿結束對文萊的友好訪問，駛離穆阿拉港回國，文萊海軍軍樂隊在碼頭送行。（供圖：中新社）

作為中國駐文萊使館的一名外交官，我常常能聽到流傳在文萊民間的關於鄭和訪文的佳話。文萊國家博物館展出大量從文萊河畔出土的中國文物，許多是當年鄭和船隊所留。在我的居所旁邊有一條路，叫作「王總兵路」（用福建話說是「王三品路」），就是當年文萊人民為紀念鄭和的副將王景弘而以其官職命名的。現在提起鄭和，從政府官員到普通百姓，無不拍手稱道，稱其為「偉大的海軍上將」。

今天，歷史得以重現，在距離鄭和豐功偉績久遠的六百年之後，我有幸再次見證「鄭和」號訓練艦重走「鄭和路」，帶著中國政府和人民睦鄰安邦、和平友好的願望續寫兩國經久不衰的友誼。「鄭和」號此次「和諧使命」環球航行任務歷時五個多月，訪問了十四個國家，行程三萬多公里，文萊是此訪最後一站。這樣的精心安排，充分顯示了我國政府、我軍對中文關係的高度重視。訪問旅途奔波勞頓，海上風雨變幻莫測，全體海軍官兵和水手們克服困難，出色地完成了使命。在他們勇敢和堅毅的付出背後，中文兩國再次由「鄭和」這一偉大的名字緊密地聯結起來，我們的友誼翻開了新的篇章。

鄭和七下西洋不僅是中國和世界航海史上的壯舉，更是彪炳人類文明史冊的「和平之旅」「友好之旅」。在一四〇五至一四三三年的二十八年間，鄭和的足跡遍布亞洲和非洲三十多個國家，建立起

　　經濟、貿易、文化合作的新橋樑，傳播了中華文明，展現了中華民族「協和萬邦」的精神，為人類和諧相處提供了寶貴的歷史經驗。文萊人民對鄭和無比崇敬和懷念的情愫，就是中國自古以來奉行和平睦鄰理念和中華「和為貴」文明的有力寫照。今天，「鄭和」號訓練艦「和諧使命」環球航行，同樣是傳播中國人民對世界和平的美好願望、對合作與友誼的熱切憧憬，這是「鄭和精神」在當今世界的又一次彰顯，是中文兩國人民友誼的又一次昇華。

　　如今的中國，已非當年的大明朝，鄭和和明軍將士早已作古，宏偉的寶船也無處可尋。然而，鄭和雖死，「鄭和精神」不滅。中華文明的核心理念

和價值——「和平、和諧、友好、合作」從未改變，中國奉行的睦鄰友好、和平共處、共同發展的外交政策從未改變。無論中國如何發展強大，她始終是國際社會平等的一員，始終是東盟國家的好鄰居、好夥伴、好朋友。「鄭和」艦的成功訪問，正是對中華民族這一外交理念的最好詮釋。作為一名外交工作者，我要努力踐行「忠誠、使命、奉獻」的外交人員核心價值觀，秉承鄭和精神，立足本職崗位，腳踏實地地做好外交一線工作，為祖國和東南亞友好鄰邦的友誼貢獻微薄之力，共同實現中文關係美好的明天！

中國與文萊是同瀕一海的友好近鄰，兩國有著悠久的交往歷史。早在西漢時期，雙方就開始商品交換。明朝永樂年間，兩國來往尤為密切。文萊的民間有著不少有關中文友好交往的傳說，坐落在中國南京市的浡泥王墓和文萊斯里巴加灣市的「王三品路」已成為兩國友好交往的歷史見證。但自十六世紀末西方殖民主義者入侵文萊後，兩國來往中斷。一九八四年文萊獨立後，兩國接觸與交往逐步恢復。一九九一年九月三十日，中文兩國外長簽署了《關於兩國建立外交關係的聯合公報》，宣布兩國從當日起建立大使級外交關係。

建交以來，在兩國領導人的直接關懷和雙方的共同努力下，雙邊關係取得了長足進展，雙方高層接觸日益頻繁，各領域的友好交流與合作不斷擴大，在國際和地區事務中保持著良好的協調與配合。特別是二〇一三年兩國領導人決定將中文關係提升為戰略合作關係，為兩國友好關係注入了新的動力。如今，中文關係已經步入全面發展的新時期，成為本地區大小國家平等相待、互利合作、和諧共處的典範。

二〇一六年是中文建交二十五週年。在這喜慶的時節，由五洲傳播出版社和外交筆會聯合編輯出版的「我們和你們」叢書之《中國和文萊的故事》一書應運而生。數十位長期從事中文友好交往的外交界、學術界專家和各界友好人士凝心聚力，飽含對中文友好的熾熱情感，以各自的親身經歷，向社會各界奉獻了這冊有關傳承中文傳統友好、對接中文發展戰略等內容的精品力作，為中文友好事業增添了靚麗之筆。

本書在籌備過程中得到了外交部亞洲司、中國駐文萊大使館、文萊駐華大使館、南京市外辦、南京市雨花台區文化局的鼎力支持。我要特別提及的是，文萊外交和貿易部無任所大使

瑪斯娜公主殿下專門發來了賀詞，中國駐文萊大使楊健女士和文萊駐華大使張慈祥女士在百忙之中為此書撰寫了序言，五洲傳播出版社領導和編輯為此書的出版竭盡全力，在此一併表示衷心的感謝！

馬來語中有個諺語：「tak kenal maka tak cinta」，意為「沒有相互的了解，就不能建立深厚的情意」。如今，中國與文萊已成為真誠的朋友和重要的合作夥伴。展望未來，相信在和平共處五項原則基礎上，在「一帶一路」倡議的推動下，結合各自國內發展戰略，探索新形勢下加強各領域合作的新思路、新辦法，實現優勢互補、共同發展，中文睦鄰友好合作關係必將譜寫出更加美麗的篇章！

劉新生

二〇一六年十月

一帶一路研究叢刊　AA301011

中國和文萊的故事

作　　　者	劉新生
版權策畫	李煥芹
責任編輯	呂玉姍
發 行 人	陳滿銘
總 經 理	梁錦興
總 編 輯	陳滿銘
副總編輯	張晏瑞
編 輯 所	萬卷樓圖書股份有限公司
排　　版	菩薩蠻數位文化有限公司
印　　刷	維中科技有限公司
封面設計	菩薩蠻數位文化有限公司

出　　版　昌明文化有限公司

桃園市龜山區中原街 32 號

電話　(02)23216565

發　　行　萬卷樓圖書股份有限公司

臺北市羅斯福路二段 41 號 6 樓之 3

電話　(02)23216565

傳真　(02)23218698

電郵　SERVICE@WANJUAN.COM.TW

大陸經銷

廈門外圖臺灣書店有限公司

　電郵　JKB188@188.COM

ISBN 978-986-496-444-4

2019 年 3 月初版

定價：新臺幣 420 元

如何購買本書：

1. 轉帳購書，請透過以下帳戶

　合作金庫銀行　古亭分行

　　戶名：萬卷樓圖書股份有限公司

　　帳號：0877717092596

2. 網路購書，請透過萬卷樓網站

　　網址 WWW.WANJUAN.COM.TW

大量購書，請直接聯繫我們，將有專人為您

服務。客服：(02)23216565　分機 610

如有缺頁、破損或裝訂錯誤，請寄回更換

國家圖書館出版品預行編目資料

中國和文萊的故事 / 劉新生著. -- 初版. -- 桃
園市：昌明文化出版；臺北市：萬卷樓發
行, 2019.03

　　面；　公分

ISBN 978-986-496-444-4(平裝)

1.中國外交　2.汶萊

574.183888　　　　　　　　　108003186

本著作由五洲傳播出版社授權大龍樹（廈門）文化傳媒有限公司和萬卷樓圖書股份有
限公司（臺灣）共同出版、發行中文繁體字版版權。